FRANÇAFRIQUE

PASCAL AIRAULT
JEAN-PIERRE BAT

FRANÇAFRIQUE

Opérations secrètes et affaires d'État

TEXTO

Texto est une collection des éditions Tallandier

Cet ouvrage est issu de la série « #Françafrique : derniers mystères » publiée dans *L'Opinion* du 9 juillet au 19 août 2015.
Il a été enrichi de six chapitres inédits.

48, rue du Faubourg-Montmartre – 75009 Paris
www.tallandier.com

À Isabelle, Manon, Romane, Lola, Emmanuel,
sans oublier Jean-Marie et Françoise.

Pascal Airault

Introduction

Jeudi 28 janvier 2016. Après plus de quatre années de procédure, le procès de Laurent Gbagbo et de Charles Blé Goudé s'ouvre devant la Cour pénale internationale (CPI) à La Haye. L'affaire représente plus d'une dizaine de milliers de pages. L'ancien président ivoirien, 70 ans, et celui que l'on présente souvent comme son fils spirituel, ex-leader des Jeunes patriotes et éphémère ministre de la Jeunesse, sont poursuivis pour crimes contre l'humanité et tenus pour principaux responsables des plus de trois mille morts de la crise post-électorale. Dès 2014, l'avocat français de Gbagbo, Me Emmanuel Altit, avait prévenu : « Cet événement sera l'occasion de faire le procès de tous ceux qui ont déstabilisé la Côte d'Ivoire, de tous ceux qui avaient un intérêt à répandre la violence. En somme, des tenants de la Françafrique. » Il tient parole car, après les propos liminaires du procureur et du bureau de victimes, il décrit dans le menu détail les conditions de l'arrestation de l'ex-président et le rôle majeur de l'armée française. Dans la matinée du 11 avril 2011, la France a donné l'ultime coup de pouce pour faire tomber Gbagbo. L'opération, sous mandat international de l'ONU, revêt l'apparence de la légalité, contrairement au débarquement de plusieurs chefs d'État africains aux lendemains des indépendances.

Historiquement, le terme « Françafrique » décrit le système de relations politiques, économiques et militaires nouées et entremêlées entre la France et les Républiques africaines issues de ses anciennes colonies d'Afrique subsaharienne et de Madagascar. Pour une grande part invisible aux populations africaines, cette politique se joue, dans ces régimes à parti-État, derrière le rideau, dans la coulisse. La paternité du terme « Françafrique » revient à Félix Houphouët-Boigny, président de la Côte d'Ivoire, qui l'aurait utilisé pour la première fois à la veille de l'indépendance. Il s'en sert pour qualifier les relations spécifiques entre la France et ses anciennes colonies (dont il avait obtenu la place de *primus inter pares*). Ce néologisme avait dans sa bouche une connotation positive, appuyée sur le « miracle ivoirien » économique et la protection garantie par Paris[1].

---

1. Centre de documentation et de recherches africaines (CRDA), archives du Rassemblement démocratique africain (RDA). Frédéric Grah-Mel, *Félix Houphouët-Boigny. Biographie*, Paris, Maisonneuve & Larose, 2003 ; *Félix Houphouët-Boigny. L'épreuve du pouvoir*, Paris, CERAP/Karthala, 2010 ; *Félix Houphouët-Boigny. La fin et la suite*, Paris, CERAP/Karthala, 2010.

Dans les années 1990, François-Xavier Verschave, président de l'association Survie, a retourné le terme « Françafrique » pour lui conférer une connotation péjorative. Il entend, à travers lui, dénoncer les scandales de la politique française en Afrique[1]. Le jeu de sonorité – « France-à-fric » – sous-entend une néocolonisation affairiste. Selon l'auteur, ce nouveau pillage de l'Afrique est devenu le fil conducteur de la relation postcoloniale. Entre les deux tensions contenues dans ce mot, la réalité est moins manichéenne, surtout lorsqu'elle doit embrasser un demi-siècle de politique africaine.

Au cœur des fantasmes se trouve la silhouette de Jacques Foccart, figure clé pour comprendre cette histoire. Il est ce mystérieux « Monsieur Afrique » de Charles de Gaulle, son conseiller qui préside à la décolonisation de l'Afrique sous influence française – et à qui on prête d'avoir composé l'ADN de la Françafrique. Pour les uns, il est le « tonton flingueur » d'une République « barbouzarde », dont il n'hésite pas à prendre en charge la part d'ombre. Pour les autres, il est le plus fidèle conseiller du Général, dont il s'est efforcé de traduire les directives en actes, sur le terrain. Pour tous, il est le fondateur de la célèbre « cellule Afrique » de

1. François-Xavier Verschave, *La Françafrique, le plus long scandale de la République*, Paris, Stock, 1998.

l'Élysée, qu'il dirigeait entre 1960 et 1974 sous le nom de secrétariat général des Affaires africaines et malgaches. Depuis le cardinal de Richelieu au XVIIe siècle, aucun homme politique n'a eu autant de goût pour le renseignement et la raison d'État. « Foccart est au parfum… » Cette phrase, lâchée dans l'affaire Ben Barka, a longtemps servi le mythe du personnage. « Pas une intrigue, pas un putsch ne se déclare entre Dakar et Brazzaville sans qu'une rumeur tenace ne lui en impute la préparation[1] », affirme le journaliste Gilbert Comte, qui a arpenté les arcanes de la Françafrique dès ses origines.

La mission de Foccart consiste à maintenir l'influence française en Afrique. Force est de reconnaître qu'il a su recourir à tous les moyens pour la mener à bien : *ad augusta per angusta* (« vers les sommets par des chemins étroits »), comme le disait la devise des services secrets français (SDECE) dans les années 1970. Par-delà les légendes qui l'entourent d'une brume épaisse, ses archives, récemment mises au jour par les Archives nationales, lèvent le voile sur quelques mystères[2].

---

1. Gilbert Comte, « Présentation » de l'ouvrage de Jacques Baulin, *La Succession d'Houphouët-Boigny*, Paris, Karthala, 2000, p. 7.

2. Jean-Pierre Bat, Pascal Geneste, *Archives de la présidence de la République. Secrétariat général des Affaires africaines et malgaches*, Archives nationales, Pierrefitte-sur-Seine, 2015 ; Jean-Pierre Bat,

Une fois aux Affaires, Foccart n'aura de cesse d'étendre le périmètre d'influence du « pré carré » à toute l'Afrique francophone. La France, avec les accords secrets de défense, garantit un parapluie politico-militaire pour ses régimes amis. En ce sens, un cadre fondateur est donné à la faveur de la décolonisation. En 1965, Moïse Tshombe, le Premier ministre du Congo-Kinshasa, présente l'image de la relation franco-africaine sous la forme d'un losange qui décrit l'Afrique et dont la pointe serait Paris. Cette image lui a été soufflée par son conseiller Jean Mauricheau-Beaupré, *missus dominicus*[1] de Jacques Foccart[2].

Côté africain, Félix Houphouët-Boigny a instauré le « syndicat des chefs d'État amis de la France », comme l'a baptisé la *vox populi* sur le continent. Ainsi a-t-on vu, à des degrés divers, la politique française en Afrique reposer sur les épaules de l'Ivoirien Félix Houphouët-Boigny, du Malgache Philibert Tsiranana, du monarque marocain Hassan II, du littéraire Sénégalais Léopold Sédar Senghor, du général-président togolais Étienne Gnassingbé Eyadema, du Gabonais Omar Bongo, du Burkinabé Blaise Compaoré… et de plusieurs autres.

Le Syndrome Foccart. La politique française en Afrique de 1959 à nos jours, Paris, Gallimard, 2012.

1. « Envoyé seigneurial » en latin. Au pluriel, *missi dominici*.

2. Jean-Pierre Bat, *La Fabrique des barbouzes. Histoire des réseaux Foccart en Afrique*, Paris, Nouveau Monde, 2015.

Mais, en un demi-siècle d'histoire, la Françafrique a muté et cette définition initiale ne saurait suffire. Dans le « pré carré » africain, chacun a su développer sa politique au mieux de ses intérêts, entre trois décennies de guerre froide, puis trois autres de mondialisation. Avec cynisme et sens du raccourci, Omar Bongo a décrit l'interdépendance qui en est née par une formule devenue célèbre, prononcée dans *Libération* en 1996 : « L'Afrique sans la France, c'est une voiture sans chauffeur. La France sans l'Afrique, c'est une voiture sans carburant. » Une telle assertion est délibérément provocatrice et réductrice ; elle lui a surtout servi à rappeler son poids primordial dans la Françafrique depuis la mort de Houphouët-Boigny en 1993. Reste que, en pleine affaire Elf, sur fond de scandale de rétro-commissions et de trafics d'influence géopolitico-pétroliers, la formule a fait mouche.

Dans cette *realpolitik*, les initiatives et les jeux d'équilibre s'avèrent plus subtils que ne laissent supposer les évidences d'une histoire d'une Françafrique « descendant » de Paris vers le continent. Comme l'affirme Antoine Glaser, fondateur de *La Lettre du Continent*, l'Élysée se fait souvent « marabouter » par ses amis africains : « Loin d'être des pantins et des béni-oui-oui, les présidents africains ont su manœuvrer et instrumentaliser leurs "maîtres de Paris". Ils se sont offerts des réseaux d'influence qui ont fini par constituer un discret mais puissant lobby africain. La plupart d'entre eux se sont maintenus au pouvoir pendant des décennies malgré les tours de manège et les changements à l'Élysée[1]. »

Né de la série d'été de *L'Opinion* parue en juillet et août 2015 sous le titre « #Françafrique : derniers mystères », ce livre est le fruit d'enquêtes menées par un historien et un journaliste. Au carrefour de l'histoire contemporaine et du temps présent (ou histoire immédiate), ils ont croisé leurs méthodes d'investigation - archives, recueils de témoignages et enquêtes de terrain - pour mieux défaire la dimension fantasmatique de la Françafrique et chercher à établir des faits concrets par-delà le poids de la rumeur prétendument « bien informée » qui a longtemps pris le pas sur le regard historique. Dans le cadre de la présente édition, des investigations inédites ont été menées.

La Françafrique y est abordée, sous différentes facettes non exhaustives, à travers une sélection de vingt-six enquêtes. Tout se joue d'abord autour de la décolonisation et de l'action de Foccart pour la constitution du « pré carré ». Au crépuscule

1. Antoine Glaser, *Africafrance. Quand les dirigeants africains deviennent les maîtres du jeu*, Paris, Fayard, 2014.

colonial, marqué par le rendez-vous manqué de la fédération du Mali, ainsi que la liquidation du leader camerounais Félix Moumié, succède avec les indépendances de 1960 la sécurisation des régimes « amis de la France ». En 1965, Foccart envoie l'un de ses fidèles au chevet du régime de Hamani Diori, président du Niger, puis installe Bongo, deux ans plus tard, dans un fauteuil présidentiel qu'il conservera pour quatre décennies. L'ancien garde du corps du général de Gaulle est également envoyé en 1972 protéger le souverain marocain Hassan II. La zone grise « barbouzarde », qui se constitue à l'ombre de la Françafrique, finit par tourner au scandale avec l'assassinat en plein Paris du docteur Outel Bono, célèbre opposant tchadien.

Au départ de Foccart de l'Élysée en 1974, ses successeurs tentent de pérenniser le système intégré imaginé en 1960. Avec ses scandales et ses excès : en 1975, le mercenaire Bob Denard réalise son premier coup aux Comores, dont il fera son fief ; en 1977, Jean-Bedel Bokassa est couronné empereur avec l'aide de la France. Surtout, le dossier tchadien devient une des urgences de la cellule Afrique de l'Élysée avec l'ingérence libyenne du colonel Kadhafi aux portes du « pré carré », mais aussi la pendaison du commandant Pierre Galopin par les rebelles tchadiens qui se transforme en affaire d'État. C'est aussi l'époque du Safari Club, cette alliance secrète franco-arabe anticommuniste et antisubversive en plein regain de la guerre froide. Le comte Alexandre de Marenches, directeur du SDECE, y joue un rôle fondamental[1]. En 1977, il accueille secrètement à Paris Jonas Savimbi, le chef rebelle angolais, avec qui il scelle un pacte d'assistance.

L'alternance socialiste de 1981 ne remet finalement pas en cause le système franco-africain. La fin des années 1980 et la décennie 1990 marquent le crépuscule de la guerre froide et l'émergence d'un nouvel ordre mondial. La Françafrique cherche alors sa voie, entre adaptation et réaction. Le système avait mis au jour ses premières failles : en 1986, le sommet franco-africain de Lomé consacre le retour aux affaires de Foccart sous la présidence de François Mitterrand, lui-même très actif sur le continent ; mais c'est d'Afrique que vient le véritable coup de tonnerre, avec l'indocile Thomas Sankara, président révolutionnaire du Burkina Faso, qui meurt assassiné en 1987.

Au lendemain du discours de La Baule en 1990, les élections générales se multiplient dans le « pré carré » francophone. Le système originel se meurt avec la fin d'une génération : en janvier 1994, un

1. Jean-Christophe Notin, *Le Maître du secret. Alexandre de Marenches, légende des services secrets français*, Paris, Tallandier, 2018.

peu plus d'un mois après le décès du « vieux » Houphouët-Boigny, le franc CFA est dévalué ; en 1995, Bob Denard est arrêté par les forces spéciales françaises, après son ultime coup d'État aux Comores ; la crise des Grands Lacs, enfin, acte dans le sang la fin d'une époque, du génocide des Tutsi du Rwanda aux guerres congolaises ; en 1997, Mobutu Sese Seko, le plus vieil allié de l'Occident, est renversé sous les yeux impuissants de Foccart, lui-même à l'agonie. À partir des années 2000, de nouveaux enjeux accompagnent les cycles électoraux : les coulisses de l'alternance ne se jouent pas que dans les urnes. La décennie reste surtout profondément marquée par la crise en Côte d'Ivoire, tête de pont de la Françafrique au temps de la splendeur de Houphouët-Boigny.

C'est finalement le peuple qui aura la peau des « vieux crocodiles » du marigot de la Françafrique : en 2011, le coup d'envoi est donné par la rue à Tunis avec l'exil de Ben Ali ; il trouve écho au sud du Sahara, en 2014, avec le renversement populaire de Blaise Compaoré, au pouvoir depuis 1987. Parallèlement, la question saharo-sahélienne revient sur le devant de la scène à la faveur de la crise malienne, qui accouche malgré elle des opérations Serval et Barkhane depuis 2012 ; en réalité, des années auparavant pointaient les ferments de la crise djihadiste dans la bande saharo-sahélienne, aux portes de l'ancien « pré carré », ainsi qu'en témoigne l'affaire des otages d'Areva.

Ces vingt-six histoires constituent une sélection d'enquêtes qui dévoilent de l'intérieur les derniers mystères de la Françafrique.

Le détournement de l'avion du FLN

*22 octobre 1956**

Le 11 mai 1955, le gouvernement dirigé par Edgar Faure signe la décision interministérielle qui fixe la mission Hors-Jeu : la neutralisation des principaux chefs du FLN. Le Service de documentation extérieure et de contre-espionnage (SDECE) est chargé de sa réalisation. La cible A (prioritaire) est Ben Bella, l'influent représentant du FLN au Caire. Paris s'in-

* Le récit de cet acte de piraterie aérienne est fondé sur le recoupement des témoignages écrits et oraux du colonel « Germain » du SDECE (Service de documentation extérieure et de contre-espionnage, l'ancêtre de la DGSE), en charge de l'opération Hors-Jeu contre les chefs du FLN, et du colonel Parisot, chef du service de renseignement opérationnel en Algérie. Cette enquête a été complétée par des missions de terrain en Algérie, au Maroc et en Tunisie. Voir aussi Sébastien Laurent, *Les espions français parlent. Archives et témoignages inédits des services secrets*, Paris, Nouveau Monde, 2011. Les Mémoires manuscrits de Parisot sur l'opération font l'objet d'une édition de texte.

quiète d'autant plus que l'Égypte du colonel Nasser est devenue le puissant parrain politique et militaire du FLN.

Le 13 juillet 1955, le directeur général du SDECE désigne le colonel Jacques « Germain » comme délégué général du Service pour l'Afrique du Nord. Hors-Jeu est sa priorité. Germain, de son vrai nom Jean Allemand, est un vétéran du contre-espionnage du SDECE. Agrégé d'histoire, il opère en Algérie sous la couverture de professeur au cours Michelet, puis à la caserne Charron sous l'étiquette du Service de liaison scolaire et universitaire, une couverture éventée par le FLN qui l'a identifié.

Germain organise son réseau Hors-Jeu à travers les différents postes du Service en Afrique du Nord, mais aussi avec d'anciennes relations telles qu'André Achiary, surnommé le « Basque bondissant ». Les deux hommes se sont rencontrés dans les services spéciaux en Algérie durant la Seconde Guerre mondiale. Commissaire de police (DST Alger) et résistant anticommuniste en Algérie, il prend part aux complots qui entourent le débarquement des Alliés en Afrique du Nord en 1942. Son parcours se poursuit ensuite à la Direction générale des études et de la recherche (DGER), c'est-à-dire les services spéciaux français de la fin de la guerre. C'est à cette période qu'il rencontre Allemand. Il devient notamment conseiller du directeur de la DGER, un certain Jacques Soustelle, futur gouverneur général de l'Algérie en 1955. Achiary quitte la DGER en 1945 pour devenir sous-préfet de Guelma. Homme réputé violent, il laisse un souvenir particulier en Algérie : il est un des responsables de la répression des événements de Guelma en mai 1945. En 1947, il quitte la fonction publique et les feuilles d'olivier des préfets, car sa carrière l'oblige à abandonner l'Algérie. Il revient à Alger où il devient entrepreneur de travaux publics. C'est la partie officielle. Pour la partie officieuse, il devient une des figures notoires de la lutte anti-FLN et de la défense de l'Algérie française. En 1955, Achiary dispose d'un puissant réseau en Algérie qui plonge ses racines dans les milieux ultranationalistes français. Pour Germain, il est « Baudin », le responsable du réseau A de la mission Hors-Jeu. Achiary et ses équipes sont chargés des tentatives d'attentat contre Ahmed Ben Bella.

Au Caire ou à Tripoli, au pistolet, au colis piégé ou à la bombe, toutes les opérations échouent. Ben Bella a la *baraka*. La dernière tentative, en juillet 1956, est d'ailleurs annulée. Hors-Jeu n'est pas arrêtée mais, parallèlement, le gouvernement français tente une autre politique : il cherche une voie de négociation avec les chefs du FLN. Le contexte nord-africain a changé en quelques mois. En mars 1956, le Maroc et la Tunisie accèdent à l'indépendance et, le 26 juillet 1956, Nasser nationalise le canal de Suez.

Le SDECE et l'armée française poursuivent la politique sécuritaire que leur a assignée le gouvernement. Depuis le 12 mars 1956, les pleins pouvoirs ont été votés à l'armée en Algérie. Le 16 octobre 1956, la marine française arraisonne le navire *Athos*, qui achemine des armes à destination des unités militaires du FLN stationnées au Maroc. C'est dans ce contexte que le poste SDECE de Rabat informe Germain que cinq dirigeants du FLN vont, sous de fausses identités, se rendre de Rabat à Tunis à bord d'un avion du sultan du Maroc Mohammed V. L'information est vite corrigée depuis Alger : ils embarquent en réalité à bord d'un DC3 de la compagnie Air Atlas. Désignés par les services spéciaux comme le « quintette », il s'agit d'Ahmed Ben Bella, Mohamed Khider, Mohamed Boudiaf, Mostefa Lacheraf et Hocine Aït Hamed : cinq des neuf chefs fondateurs historiques du FLN. L'occasion est unique.

Branle-bas de combat à Alger ! Le plan de vol communiqué par le poste SDECE de Rabat prévoit le parcours suivant : Casablanca-Rabat/Salé-Oujda-Tunis. Les quatre principaux chefs du renseignement en Algérie se réunissent : Germain, pour le SDECE ; le colonel Parisot, chef du service de renseignement opérationnel (SRO) ; le colonel Wirth, chef du 2e bureau de la Xe Région militaire (Algérie) ; et le lieutenant-colonel Simoneau, chef du Centre de coordination interarmées (CCI). Ils tombent d'accord sur une ligne : détourner l'avion pour s'emparer des chefs du FLN. Le colonel Serge-Henri Parisot, dans ses Mémoires inédits, qualifie lui-même ce geste de « piraterie aérienne ».

Un ballet de communications téléphoniques se met en marche pour obtenir le feu vert de Paris. Le directeur général du SDECE donne son accord à Germain. En l'absence à Alger du gouverneur général Robert Lacoste et à Paris du président du Conseil Guy Mollet, en déplacement dans le Pas-de-Calais, Germain finit par obtenir l'accord du secrétaire d'État à la Défense nationale, Max Lejeune, par l'intermédiaire du général Henri Lorillot, chef de la Xe Région militaire.

Le DC3 d'Air Atlas décolle de Rabat à 12 h 30. À son bord, Germain dispose de deux atouts : le pilote français est un ancien des Forces aériennes de la France libre et l'une des hôtesses est une honorable correspondante du SDECE. Vers 16 heures, le pilote reçoit un message de la tour de contrôle d'Oran lui intimant l'ordre, au nom du ministère de la Défense nationale, de se poser d'urgence à Oran en prétextant une panne. Finalement, cette solution n'est pas retenue, mais des chasseurs Mistral rejoints par un bombardier B26 sont chargés de le surveiller au-dessus de l'espace aérien algérien. Ils signalent que le DC3 fait escale à Palma de Majorque aux Baléares. De là, l'avion redécolle à 18 h 15. Entre-temps, Germain a fait aboutir les négociations avec le pilote : ce dernier accède aux demandes des services spéciaux qui lui offrent, en retour, la garantie d'exfiltrer sa famille du Maroc pour éviter des représailles. L'ensemble de l'équipage se rallie à la décision du pilote.

Le plan de vol est modifié et, peu avant 20 heures, le pilote reçoit l'ordre de se poser à Alger. Mais le trajet Palma-Tunis est évalué à trois heures : afin de ne pas éveiller les soupçons de ses voyageurs, l'avion tourne au-dessus de la mer avant d'atterrir à l'aéroport de Maison-Blanche à Alger. Pendant ce temps, l'hôtesse discute avec les passagers afin de distraire leur attention et baisse les stores des hublots pour éviter que les chefs du FLN ne s'aperçoivent de la manœuvre. Pour plus de sécurité, cette ultime phase de l'opération se joue sous le contrôle d'un avion de la chasse française qui décolle de Blida. Le subterfuge du pilote d'Air Atlas est un succès total et le DC3 se pose à Maison-Blanche à 21 h 20. « Bienvenue à Tunis ! » s'exclame l'hôtesse. Mais lorsque s'ouvrent les portes de l'appareil, des soldats apparaissent.

Ben Bella sort, hébété. Après avoir demandé « Ne me tuez pas », il souffle : « Je n'aurais pas cru les Français capables de ça ! » Les chefs du FLN, menottes au poignet, sont mitraillés par les photographes et leur image fait le tour du globe. Ils sont confiés, à El Biar, aux services de la DST. Rapatriés sous la haute garde du SDECE en métropole, ils y sont incarcérés jusqu'en 1962, et ne sont libérés qu'avec l'indépendance de l'Algérie.

Germain peut se réjouir : dans le plus grand secret, au nez et à la barbe de l'armée (qui en portera longtemps la responsabilité aux yeux de l'opinion publique française et internationale), il a mené Hors-Jeu à son terme. L'officier du SDECE s'offre même le luxe de moquer le général Jacques Faure, adjoint opérationnel au commandement à Alger et, à ce titre, représentant l'armée, lorsqu'il accourt sur le tarmac à la fin des opérations. Faure demandant ce qu'il doit faire, Germain lui demande de s'occuper de l'hôtesse qui vient de se tordre la cheville en descendant l'échelle de coupée.

Mais ce succès opérationnel se transforme en scandale politique : la France est accusée de violation du droit international. La classe politique française est divisée, jusqu'au sein du gouvernement. Faute d'avoir su choisir entre la négociation et la poursuite de Hors-Jeu, le gouvernement perd sur tous les tableaux : l'armée a affirmé son indépendance par rapport au pouvoir politique et les partisans de la négociation viennent de perdre leurs interlocuteurs algériens, tandis que les chefs du FLN, devenus des martyrs, sont érigés en symboles de l'union des forces du FLN. Au lendemain de cette crise, la logique de guerre s'emballe et le lacet algérien finit d'étrangler la IVe République en moins de deux années.

L'éclatement de la fédération du Mali

*20 août 1960**

La crise qui explose entre Dakar et Bamako à l'été 1960 clôt une expérience qui aurait pu changer la face de l'Afrique de l'Ouest. L'échec précipité de la fédération mort-née du Mali n'est pas uniquement l'épilogue de quelques semaines de crise en août 1960. Avec elles triomphent les conceptions de l'ordre régional de Houphouët-Boigny, le meilleur allié de Foccart, le « Monsieur Afrique » de l'Élysée. L'histoire commence au crépuscule de la

---

* Cette recherche se base, d'une part, sur des documents du fonds Foccart conservés aux Archives nationales et rendus librement communicables, et, d'autre part, sur plusieurs enquêtes de terrain au Sénégal, en Guinée et en Côte d'Ivoire. Il convient de souligner que le « réveil » de la mémoire et de la figure de Mamadou Dia, tombé dans l'oubli officiel à la suite de la crise de décembre 1962 qui l'a opposé à Senghor, a constitué un élément préalable indispensable. Voir aussi Ousmane William Mbaye, *Président Dia*, film documentaire sénégalais (54 mn), 2012.

IVe République, morte de ne pas avoir su réformer le système colonial.

Le socialiste Gaston Defferre, célèbre maire de Marseille, est convaincu que les colonies africaines sont prêtes à exploser lorsqu'il se voit proposer le ministère de la France d'outre-mer en janvier 1956. Moins d'un mois après sa nomination dans le gouvernement de Guy Mollet, il dépose une procédure d'urgence sous la forme d'une loi-cadre, concoctée avec son directeur de cabinet Pierre Messmer. « Trop de fois, au-delà des mers, les Français ont donné l'impression qu'ils n'étaient pas capables d'agir en temps utile ; trop souvent, nous avons été le jouet des événements… Si nous savons les dominer, si nous savons les devancer, alors nous pourrons rétablir [en Afrique noire] un climat de confiance et de concorde… » plaide-t-il devant l'Assemblée. Sa loi pose, ni plus ni moins, la question des conditions d'accès à l'indépendance.

Le Rassemblement démocratique africain (RDA) dirigé par Houphouët-Boigny, lui-même ministre délégué à la présidence du Conseil français, se divise autour de ce sujet : faut-il aller à l'indépendance en demandant la création d'un État fédéral unique issu de l'Afrique occidentale française (AOF) ou convient-il de préférer l'érection de chaque colonie de l'AOF en État indépendant ? Deux positions émergent au sein du RDA lors du congrès de septembre 1957 à Bamako. Houphouët-Boigny milite pour l'application stricte de la loi-cadre pour préparer dans le temps l'accession à l'indépendance et faire de chaque colonie une République. Au contraire, le Guinéen Sékou Touré et le Soudanais (Malien) Modibo Keïta optent pour une indépendance immédiate et la plus large possible. Les événements de 1958 rebattent les cartes.

En février 1958, Félix Houphouët-Boigny cherche à rallier tous les mouvements politiques de l'AOF sous la bannière du RDA. En réaction, le 28 mars 1958, le Parti du regroupement africain (PRA) est créé à Dakar. Il se prononce pour l'indépendance et la constitution d'une grande fédération d'Afrique de l'Ouest. Au printemps, les tensions s'accroissent entre Houphouët-Boigny et Sékou Touré au sein du RDA. Le 13 mai 1958 et l'installation de la République gaulliste, qui fait de la décolonisation une priorité, précipitent le calendrier politique africain.

La « querelle fédéraliste » se porte en juillet et en août au cœur de la préparation du volet africain de la constitution de la Ve République. De Gaulle a imaginé un outil de transfert « d'un âge historique à un autre » : la Communauté. C'est-à-dire l'adhésion de chaque colonie d'Afrique à un ensemble politique piloté depuis Paris. La tendance houphouëtiste du RDA se rallie à cette option, tandis que le PRA milite pour la thèse fédéraliste. Mais Houphouët-Boigny a gagné un solide allié qui l'épaule dans sa politique pragmatique contre les thèses fédérales : Foccart.

Le référendum constitutionnel du 28 septembre 1958 se joue en Afrique sur l'acceptation ou le refus de la Communauté : voter « oui » consiste à préparer son indépendance au sein de l'ensemble franco-africain ; voter « non » consiste à prendre son indépendance immédiate – et *de facto* rompre avec la France. Maurice Robert, chef de poste du SDECE en Afrique de l'Ouest, suit de près la campagne et l'élection pour la victoire du « oui ». Méticuleux, Foccart a envoyé au Niger un gouverneur colonial corse à poigne, Don-Jean Colombani, pour empêcher que le « non » prôné par Djibo Bakary et son parti, le Sawaba, ne triomphe. Finalement, seule la Guinée de Sékou Touré opte pour le « non »[1].

Le PRA et ses alliés fédéralistes, au premier rang desquels le Soudanais Modibo Keïta – chef du RDA à Bamako et opposé à la ligne d'Houphouët-Boigny –, votent « oui » et préparent la construction d'une République fédérale : le projet prend le nom de « fédération du Mali », en référence au mythique empire de l'Afrique médiévale. Fin décembre 1959, quatre États annoncent former une fédération au sein de la Communauté : le Sénégal, le Soudan (Mali), le Dahomey (Bénin) et la Haute-Volta (Burkina Faso).

1. Maurice Robert, « *Ministre* » *de l'Afrique*, Paris, Seuil, 2004.

Le 14 janvier 1960, l'Assemblée constituante se réunit ; le 17 janvier, la constitution est adoptée ; les 21 et 22 janvier, seuls le Sénégal et le Soudan ratifient la constitution ; le Dahomey et la Haute-Volta se sont entre-temps rétractés.

L'ombre de Houphouët-Boigny plane. Déjà, à l'automne 1958, il a obtenu que le Niger ne participe pas au projet grâce à la défaite de Djibo Bakary et à la victoire de Hamani Diori, chef de la section RDA nigérienne. En septembre 1958, Ouezzin Coulibaly, le leader du RDA voltaïque, décède : quoiqu'il fût très proche de Houphouët-Boigny, il n'était pas insensible aux thèses fédéralistes. Maurice Yaméogo est désigné par Houphouët-Boigny pour lui succéder : son premier geste politique consiste à se retirer de la fédération du Mali. Quant au Dahomey, Houphouët-Boigny a pu compter sur Hubert Maga, chef de la section RDA dahoméenne.

La fédération du Mali, devenue une peau de chagrin, poursuit sa route et se dote d'un gouvernement en avril 1959 : Modibo Keïta est président et est assisté d'un vice-président, le Sénégalais Mamadou Dia. Senghor est nommé président de l'Assemblée : il reste au second rang. Au sein de la Communauté, le Mali est en pointe pour réclamer l'indépendance. De Gaulle, après avoir dû se résigner à accepter de reconnaître la fédération le 15 mai 1959, se voit présenter en septembre 1959 la demande d'indépendance. Le calendrier d'une décolonisation patiente imaginé par Houphouët-Boigny est totalement bousculé par le Mali. Les négociations franco-maliennes sont ouvertes en janvier 1960 et aboutissent le 4 avril 1960. La proclamation de l'indépendance est programmée pour le 20 juin 1960.

Le gouvernement fédéral malien ne s'annonce pas comme un partenaire complice de la France en Afrique : en mai et juin 1960, Mamadou Dia n'hésite pas à dénoncer les agissements des services secrets français à la frontière sénégalo-guinéenne. Le service Action du SDECE y entretient depuis 1959 une opération de déstabilisation de la Guinée à la suite de son « non » : l'opération Persil. L'affaire éclate en mai 1960 avec la découverte par la police sénégalaise d'un dépôt d'armes à Kédougou. G, officier français des Affaires africaines affecté à Tambacounda au titre de la coopération militaire, voit son double jeu dévoilé : Mamadou Dia l'idenfitie comme un officier du SDECE et comme la cheville ouvrière de ce trafic d'armes. Est ainsi mis au jour le plan secret du SDECE d'assistance aux opposants de Sékou Touré, à travers la constitution de maquis dans le Fouta-Djalon, en plein cœur de la Guinée. Mamadou Dia refuse d'être complice d'une opération contre un de ses pairs africains : par deux fois, le 13 et le 24 mai 1960, il en informe par écrit le général de Gaulle. Le second document se fait plus comminatoire :

il donne les noms des officiers du SDECE qui, sous couvert de coopération militaire, organisent depuis le Sénégal l'assistance aux maquis du Fouta-Djalon. Trois hommes du SDECE ainsi dénoncés sont des officiers célèbres du service Action qui importent en Afrique subsaharienne des méthodes de guerre révolutionnaire rôdées en Algérie. Pour plus de précision, les immatriculations des véhicules de ces officiers sont écrites noir sur blanc à l'adresse du général de Gaulle.

Foccart, pour sa part, est parfaitement au courant de l'opération de déstabilisation de la Guinée depuis sa genèse. L'idée a été soutenue par Robert, le chef de poste SDECE à Dakar devenu le fondateur du secteur Afrique du SDECE en 1960. Son exécution a commencé dès 1959 sous l'égide de Bauer, un officier du service Action qui a précédemment été chef du 11e Choc (le bras armé du service Action) et qui tient Foccart informé des grandes lignes. Le réseau s'avère finalement plus vaste que Tambacounda et Kédougou, conservant des liens avec Abidjan et donc avec Houphouët-Boigny. Mais ces connexions complémentaires, quoique fortement soupçonnées, n'ont pu être prouvées par les responsables de la fédération du Mali – qui n'oublient cependant rien de leur contentieux géopolitique avec Houphouët-Boigny. Pas plus que n'a été éventé – ni même sans doute par Mamadou Dia – l'ensemble de l'opération Persil. Elle combine l'action des maquis et la constitution du réseau clandestin régional à la déstabilisation de la monnaie : le franc guinéen, sorti de la zone du franc CFA avec l'accession de la Guinée à l'indépendance.

En mai et juin 1960, le scandale soulevé par Mamadou Dia est étouffé, l'opération du service Action doit être démontée, mais la tension est sensible entre Paris et Dakar. Pourtant, ce ne sont ni la France ni la Côte d'Ivoire, mais des tensions internes qui emportent finalement la fragile fédération. Le 18 août 1960, une crise politique éclate entre Mamadou Dia et Modibo Keïta : en vue des élections présidentielles, ce dernier donne des consignes au chef des forces armées mais n'en informe pas les Sénégalais qui, en retour, redoutent un coup de force des Soudanais. L'équilibre entre Sénégalais et Soudanais se rompt. Les Sénégalais crient à l'agression ; les Soudanais à la sécession. Après deux jours de tensions à Dakar, l'escalade de la crise aboutit le 20 août 1960 à la réunion de l'Assemblée nationale qui vote en pleine nuit l'indépendance du Sénégal et l'état d'urgence. Senghor s'impose comme l'homme fort du Sénégal. Le lendemain, 21 août, les ministres soudanais sont mis dans un train à destination de Bamako.

Le 5 septembre 1960, Senghor est élu président de la République sénégalaise : l'échec de la fédération, qu'il avait ralliée avec modération, lui ouvre les voies du pouvoir. Mamadou Dia en sera écarté deux ans plus tard, accusé de tentative de coup d'État à la faveur de la crise de décembre 1962. Le 22 septembre 1960, le Soudan de Modibo Keïta proclame son indépendance sous le nom de République du Mali – ultime référence à l'échec fédéral. En 1960, après deux années de débat, les thèses de Houphouët-Boigny triomphent : elles s'appuieront pour de longues années sur le réseau des régimes RDA fidèles et s'épanouiront dans sa stratégie d'alliance avec Foccart.

Félix Moumié empoisonné par les services secrets

*3 novembre 1960**

Liquider Félix Moumié. Dans les premiers mois de 1960, l'idée fait son chemin à l'Élysée. Cette année est celle des indépendances simultanées de toutes les colonies africaines de la France. Et aussi de la sécurisation des régimes « amis de la France ». Paris soutient l'installation du président Ahmadou Ahidjo

* Cette enquête s'appuie en premier sur la récente évolution de l'historiographie de la guerre du Cameroun, c'est-à-dire du conflit colonial, puis postcolonial, qui se joue au Cameroun entre 1955 et 1971. Cette guerre est désormais inscrite dans le cadre des conflits de la décolonisation de l'Afrique. Des entretiens avec des acteurs africains et français de ce conflit ont constitué un deuxième réseau de sources. Enfin viennent les archives : dans ce domaine, il convient de souligner la place des papiers saisis par la police suisse chez William Bechtel, et qui sont conservés au Bundesarchiv de Berne. Ces archives ont été mises au jour par Karine Ramondy dans le cadre de sa thèse de doctorat.

en mai au Cameroun, tandis que la rébellion UPC (Union des populations du Cameroun) d'un militant anticolonialiste, Félix Moumié, se développe dans le Sud, essentiellement en pays Bassa et Bamiléké[1]. L'année 1960 est politiquement stratégique pour consolider le « pré carré » français au Cameroun, pivot entre l'Afrique de l'Ouest et l'Afrique centrale. Le calendrier prévoyant le retrait des troupes françaises à la fin de l'année, une importante opération militaire est amorcée dès janvier.

Finalement, pour porter un coup fatal à l'UPC, l'élimination de Moumié est décidée et validée au plus haut sommet de la République, sous l'égide notamment de Foccart. Les méthodes de la crise algérienne s'exportent vers l'Afrique subsaharienne : doctrine de la guerre révolutionnaire et assassinats ciblés. L'opération est confiée au SDECE, et plus précisément au service Action du colonel Robert Roussillat. Depuis la fin des années 1950, souvent sous la couverture d'un groupe baptisé « La Main rouge », le SDECE est investi de ce type d'opérations autour des conflits coloniaux. L'affaire est confiée à « Grand Bill », de son vrai nom William Bechtel.

1. Thomas Deltombe, Manuel Domergue, Jacob Tatsitsa, *Kamerun ! Une guerre cachée aux origines de la Françafrique (1948-1971)*, Paris, La Découverte, 2011.

Ancien poilu de 1914-1918 devenu officier, vétéran des services spéciaux de la France libre (BCRA), volontaire pour l'Indochine, plusieurs fois médaillé et décoré de la Légion d'honneur, Bechtel est officiellement à la retraite militaire en 1951. Mais on ne quitte jamais vraiment les « services », surtout dans les réseaux issus de la Seconde Guerre mondiale. Le SDECE découvre deux points faibles qui vont lui permettre d'approcher Moumié.

D'abord, exilé depuis 1955, il dirige l'UPC de l'extérieur, en véritable commis voyageur de la cause auprès des grandes capitales de la Tricontinentale (Égypte, Ghana, Guinée, Congo lumumbiste). À ce titre, il a besoin de la presse pour populariser son combat. Puis, il n'est pas insensible aux charmes féminins lors de ses séjours. Sur cette double base, « Grand Bill » échafaude un plan. Il a déjà rodé avec le FLN une technique d'infiltration des milieux nationalistes dans les années 1950. Le temps presse car, en cette année 1960, Moumié redouble d'efforts dans son combat : il voyage entre Conakry, Accra et Léopoldville en quête d'alliés africains, plaide sa cause à l'ONU, est en relation avec des diplomates chinois, achète des armes pour les maquis et imprime des brochures depuis la Suisse…

Bechtel approche une première fois Moumié à Accra, capitale de la cause panafricaine, sous le faux nom de « Claude Bonnet » et sous l'étiquette de journaliste à Allpress, agence de presse suisse réputée relayer la cause anticoloniale. Un parent de Moumié fait les présentations à l'hôtel *Ringsway* à Accra. Une seconde rencontre a lieu quelques mois plus tard à Genève[1], au siège de l'agence, confirmant la crédibilité de « Grand Bill » aux yeux de Moumié, cette fois en compagnie de Jean-Martin Tchaptchet, président de la section française de l'UPC. Le principe d'un dîner est convenu pour le 15 octobre 1960 à Genève, au restaurant chic *Le Plat d'argent* : y sont conviés Moumié, Tchaptchet, Bechtel et Liliane F. Cette belle brune est « l'amie » de Moumié ; elle l'accompagne lors de ses séjours genevois. Le rôle de cette *call-girl* apparaît trouble dans l'affaire : proche du chef de l'UPC, elle est présumée être une honorable correspondante du SDECE.

Pour éliminer Moumié, il est prévu de verser du thallium dans son Ricard, son apéritif habituel. Aussi simple que redoutable. Inodore et sans saveur, le poison bien dosé ne doit pas agir avant quarante-huit heures, c'est-à-dire ne pas tuer Moumié avant son retour à Conakry. Un subterfuge est monté pour permettre à « Grand Bill » de verser le thallium dans le verre du leader camerounais : un complice doit appeler au téléphone le chef de l'UPC, tandis que

1. Frank Garbely, *Mort à Genève (Félix Moumié)*, film documentaire français (52 mn), 2006.

Bechtel présente une série de photos à Tchapchet pour détourner son attention. Mais, de retour à table, Moumié se lance dans de grandes diatribes et oublie de boire son Ricard. Le repas défile et le verre empoisonné reste ignoré. Bechtel parvient à verser une seconde dose de thallium dans le vin de Moumié, qu'il finit par boire. Manifestement assoiffé, le chef de l'UPC avale aussi d'un trait le Ricard resté sur la table, ingurgitant une double dose mortelle de poison.

Étourderie professionnelle ou précipitation des événements : Bechtel aurait dû, une fois bu le verre de vin empoisonné, renverser « maladroitement » le verre de Ricard pour éviter les complications et ne laisser aucune trace sur table. Dans des entretiens confidentiels, le général Paul Grossin, patron du SDECE, confiait : « La dose était trop forte [...]. Bref, il aurait dû mourir en arrivant à Conakry le lendemain. Mais il est mort à Genève, d'où le scandale. »

Dans la nuit qui suit, Moumié sent les premières attaques du poison. Au petit matin, dans une clinique genevoise, il gémit : « J'ai été empoisonné par mon pastis ! » Il décède le 3 novembre 1960 après une agonie de plusieurs jours. Son corps est transporté à Conakry, à bord d'un avion spécialement affrété par Sékou Touré.

Très rapidement, le nom de Bechtel est livré à la police suisse, mais l'agent du SDECE a déjà disparu. Liliane F aussi. Le domicile de l'espion à Chêne-Bourg est perquisitionné : des traces de thallium sont trouvées dans une des poches de ses vestons et des archives sont découvertes. Elles comportent des documents intéressant la surveillance ou des opérations relatives à des cadres du FLN et à des militants anticolonialistes, ainsi que le plan élaboré contre Moumié. Le lien de Bechtel avec « La Main rouge », ainsi que sa connexion avec Charles Knecht, le chef de la police genevoise, sont mis au jour.

Le voile ayant été levé sur la véritable identité de « Grand Bill », un mandat d'arrêt international est délivré contre lui. Mais le SDECE fait rayer son nom des listes de personnes recherchées en France. Arrêté en Belgique en 1974 et extradé en Suisse, il est finalement libéré sous caution. En 1980, le tribunal de Genève rend un non-lieu. Entre-temps, l'amicale des anciens des services spéciaux de la France libre était prête à se mobiliser pour le sauver par tous les moyens.

L'agent secret 001 de la France libre est appelé au chevet de Hamani Diori

*21 juillet 1965**

Juillet 1965. Après une année agitée, Hamani Diori, président de la République du Niger depuis son indépendance en 1960, se rend en villégiature à Contrexéville. Mais les affaires de l'État ne le quittent pas : il profite de son séjour français pour adresser le 21 juillet 1965 au ministre français de la Coopération une demande d'affectation à son cabinet d'un certain

* Cette recherche est fondée sur des documents du fonds Foccart rendus librement communicables au 1er janvier 2016, au terme des cinquante ans de réserve, et conservés aux Archives nationales. Ils permettent de revenir sur le secours français porté au régime de Hamani Diori au Niger pour le sécuriser et contrer les menaces « subversives ». Car l'histoire du Niger n'a pas été à la décolonisation le long fleuve tranquille de l'histoire officielle. Voir aussi Klaas van Walraven, *The Yearning for Relief. A History of the Sawaba Movement in Niger*, Leyde, Brill, 2013.

Jacques Mansion, présenté par les deux principales qualités suivantes : officier de la Légion et compagnon de la Libération. Ce second honneur le distingue du commun des mortels en pleine République gaullienne. « M. Mansion exercerait auprès de moi les fonctions de conseiller technique pour les affaires particulières que je lui attribuerais. C'est la raison pour laquelle je crois utile de vous préciser que j'attacherai beaucoup de prix à ce qu'il puisse traiter, dès à présent, un certain nombre de questions et partir pour le Niger aussitôt que je regagnerai moi-même la capitale. » En somme, Hamani Diori demande un conseiller pour ses affaires réservées, aussi spéciales et politiques que confidentielles. La désignation de Mansion ne doit rien au hasard : le nom a été soufflé par Foccart, l'influent « Monsieur Afrique » du général de Gaulle, qui s'emploie, depuis quelques mois, à consolider par tous les moyens le régime nigérien.

Contrairement à une idée reçue, Hamani Diori a failli ne pas être le « père de l'indépendance » en 1960 : il était concurrencé, et un temps devancé, par Djibo Bakary et son parti, le Sawaba. Ce mouvement incarne des revendications sociales et anticoloniales radicales, et se défait du Rassemblement démocratique africain (RDA) du président ivoirien Houphouët-Boigny, le principal allié de la France en Afrique. La campagne pour le référendum de la Communauté, dont le scrutin s'est tenu le 28 septembre 1958, a vu se cristalliser l'affrontement. Dès l'été 1958, le SDECE, en la personne du capitaine Robert alors chef de poste à Dakar, met en garde Paris contre Djibo Bakary et le Sawaba qui apparaissent comme les principales menaces en AOF – bien avant Sékou Touré à cette date. Foccart envoie à Niamey le gouverneur colonial Don-Jean Colombani pour superviser l'élection et, en réalité, neutraliser le Sawaba, partisan affiché du « non » et favorable de l'indépendance immédiate. Toutes les mesures sont prises par l'administration coloniale pour mettre en échec Djibo Bakary. En face, Hamani Diori et son équipe du Parti populaire nigérien (PPN), affilié au RDA, sont considérés comme les champions de Houphouët-Boigny et de la France. Ainsi, le rapport de force tourne-t-il à l'automne 1958 à l'avantage de Hamani Diori et arrime le Niger à la stratégie continentale de Houphouët-Boigny. Le premier gage est donné avec le retrait du Niger du projet de fédération en Afrique de l'Ouest (qui deviendra l'éphémère fédération du Mali en 1960).

Djibo Bakary est contraint de quitter le territoire nigérien pour chercher refuge et assistance auprès du principal adversaire de Houphouët-Boigny en Afrique de l'Ouest : le Ghanéen Kwame Nkrumah. Rapidement, le Sawaba clandestin élargit son réseau à la Guinée de Sékou Touré (dès son « non » au référendum de 1958), au Mali de Modibo Keïta (notamment après l'échec de la fédération du Mali en 1960) et à l'Algérie de Ben Bella (après 1962 et l'indépendance algérienne). En octobre 1964, des commandos du Sawaba, en provenance du Nigeria, du Mali, du Dahomey et de la Haute-Volta, se lancent à l'assaut du Niger depuis les postes frontières du sud et de l'ouest du pays. Le complot échoue. La répression gouvernementale est sévère. À la neutralisation des rebelles succèdent des vagues d'arrestation à travers le pays. Une cour martiale est instaurée à la demande du président Hamani Diori. Les condamnés sont fusillés. Fin 1964, Hamani Diori dresse le bilan : le Sawaba reste une menace prioritaire malgré l'échec de l'opération d'octobre 1964 ; l'attaque du Sawaba coïncide avec le retrait des garnisons françaises de Zinder, Agadès, Dirkou et Dao Timi ; des pays voisins (principalement le Ghana, le Mali, l'Algérie et le Nigeria) se rendent complices en hébergeant le Sawaba qui utilise ces territoires comme bases arrière. Les interrogatoires des sawabistes arrêtés confirment les craintes du régime nigérien. Pour les services de police et de renseignement, la main chinoise se dessine derrière le soutien au Sawaba, en plus des alliés régionaux.

Le 13 avril 1965 au matin, jour de la grande prière de la Tabaski, un attentat est perpétré contre Hamani Diori : une grenade de fabrication locale est lancée, et manque le président. Pour le régime, l'agression est signée par le Sawaba. L'interrogatoire de l'auteur de l'attentat aurait révélé son appartenance à une cellule terroriste venue d'Accra par le Mali. Face à cette menace, Paris réagit avec vigueur, comme elle a su le faire un an plus tôt pour reconstruire le régime gabonais de Léon Mba fragilisé par le putsch manqué de février 1964, en envoyant des *missi dominici* de choc.

Au fin fond de la Corse, dans le village de Belgodère, un téléphone sonne : au bout du fil, le commissaire Jean-Ambroise Colombani (aucun lien avec le gouverneur Don-Jean Colombani). Ordre lui est donné de partir sur-le-champ à Niamey *via* Marseille. Ce policier est un « vieil Africain » : il était en poste au Niger dans la police coloniale depuis le milieu des années 1950, avant de devenir chef de la Sûreté nigérienne à l'indépendance. Sitôt arrivé à Niamey, il se met au travail et reçoit pour mission de créer un réseau de surveillance et d'information face à la « menace constante et croissante » (selon les propres termes de son rapport). Sitôt rédigé, son projet de service de renseignement est soumis à Foccart en personne. Cette police spéciale, qui dépend du ministère de l'Intérieur, est inspirée de la DST française et prend le nom de Surveillance du territoire (ST). Elle constitue l'embryon du redoutable Bureau de coordination et de liaison (BCL), simultanément police politique et service de contre-espionnage du régime Diori, qui s'installe *in fine* directement à la présidence de la République. L'une des premières fiches du ST a pour objet Issaka Koké : le financier du Sawaba.

Pour compléter le dispositif, Foccart souffle à Hamani Diori le nom de Mansion. Ce dernier reçoit pour mission d'assurer un circuit court politique et personnel entre le secrétariat général des Affaires africaines et malgaches à Paris et la présidence nigérienne à Niamey. Mansion est l'homme (de l'ombre) de la situation, ainsi qu'en atteste son passé. En 1940, il est un des pionniers de la France libre. Après avoir gagné l'Angleterre dès le 17 juin, il rejoint aussitôt les services secrets du général de Gaulle et il est le premier agent de la France libre à se rendre en mission clandestine en France occupée dès juillet 1940. Il multiplie les missions secrètes et devient un des grands noms des services secrets gaullistes. Dans les années 1950, il travaille en Afrique (Casamance et Congo-Brazzaville) ; mais dès 1958 et le changement de régime, il déclare à Foccart être à la disposition du général de Gaulle.

Dans le cadre de la crise nigérienne, Foccart fait donc nommer ce fidèle parmi les fidèles conseiller spécial de Hamani Diori. Mansion se met aussitôt au travail : il est l'émissaire secret du président nigérien pour les missions les plus confidentielles et les plus sensibles liées à la lutte contre le Sawaba. En prise directe avec Foccart, Mansion organise avec Paris la sécurité du régime nigérien et la lutte politique contre le Sawaba. Sa première mission, fin juillet 1965, consiste à réécrire un dossier de demande d'extradition d'un opposant nigérien, en accord et en lien avec le secrétariat général de Foccart. En Afrique de l'Ouest et en Afrique du Nord, il effectue des tournées auprès des gouvernements voisins du Niger pour obtenir l'interdiction du Sawaba sur leur territoire et ainsi liquider les bases arrière sawabistes, principale menace aux frontières. Il mène notamment une mission en Algérie – où Ahmed Ben Bella vient d'être renversé par Houari Boumédiène.

Si les traces de la mission ST du commissaire Colombani sont rares et confidentielles, celles qui entourent la mission de Mansion sont restées entourées d'un secret bien plus épais encore. Pourtant, il est un des plus importants *missi dominici* de Foccart auprès d'une présidence africaine. Sa mission de sécurisation politique du régime nigérien est à inscrire dans la stratégie régionale du RDA de Houphouët-Boigny pour recouvrir toute son importance. Pour les hommes de Foccart, l'opération est un succès : après 1965, la menace sawabiste est contrôlée et neutralisée.

Omar Bongo accède au pouvoir sous l'œil de Jacques Foccart

*27 novembre 1967**

Au lendemain du putsch de Libreville de février 1964, la France a réagi énergiquement. Jacques Foccart, le « Monsieur Afrique » du général de Gaulle à l'Élysée, ne tolère pas de putsch au cœur du « pré carré » français en Afrique : après l'envoi des parachutistes pour mater les insurgés, il missionne des conseillers spéciaux pour restaurer le pouvoir politique et personnel de Mba, surnommé « Honéro » (le « patriarche »).

---

* Cette enquête trouve comme origine les déclarations de Foccart lui-même dans le premier tome de ses Mémoires : *Foccart parle* (Paris, *Jeune Afrique*/Fayard, 1995) au sujet de l'accession au pouvoir d'Omar Bongo. La recherche a été menée à travers une enquête de terrain au Gabon et des entretiens avec les collaborateurs et correspondants de Foccart qui ont été les principaux acteurs de cette histoire.

Depuis 1964, la sécurité personnelle de Mba est assurée par Bob Maloubier, ancien capitaine du SDECE et ami personnel de Jacques Foccart ; le CEDOC (service de renseignement gabonais) est repris en main par le commissaire français René Galy ; un programme politique est établi par Guy Ponsaillé, ancien administrateur colonial au Gabon, devenu pétrolier chez Elf et qui a les faveurs de Mba. Le dispositif est complété par la nomination en 1965 de Maurice Delauney comme ambassadeur de France à Libreville, pour répondre à l'appel de Mba qui, désespéré des diplomates français, a lancé à Foccart : « Il faut que vous m'envoyiez quelqu'un qui peut nous comprendre, un colonial ! » Delauney se définit lui-même comme « l'homme de M. Foccart au Gabon[1] ».

Paris reconstruit le pouvoir de Mba... La seule faiblesse du système est qu'il fait du président gabonais la clé de voûte de cette politique. Conscient que la santé du chef de l'État gabonais est l'épée de Damoclès de l'influence française au Gabon, Foccart en fait un dossier prioritaire. Il dispose d'un atout secret, ignoré de tous, y compris des conseillers blancs de Mba : le professeur Vic Dupont, médecin à l'hôpital Claude-Bernard. Il est l'ami et le docteur

1. Jean-Pierre Bat, *Le Syndrome Foccart. La politique française en Afrique depuis 1959*, *op. cit.*

de Foccart, et est aussi un ancien de la Résistance, où il était responsable d'un réseau de renseignement (« Turma-Vengeance »). C'est tout naturellement vers cet homme de confiance que Foccart oriente Mba. Les premiers signes de son cancer létal sont confirmés dès 1965. Seuls Foccart, Dupont et Mba sont dans la confidence. L'affaire est sensible car, pour la première fois depuis les indépendances, Paris se trouve face à l'épineux enjeu de préparer une succession et de créer une nouvelle génération de chefs d'État « amis de la France ».

L'état de santé de « Honéro » se dégrade tellement que, au mois d'août 1966, il est hospitalisé à Claude-Bernard : il ne reverra jamais le Gabon. L'opinion publique gabonaise ignore où se trouve son président. Désormais, la vie politique gabonaise s'est déplacée dans la chambre d'hôpital préparée par Dupont. Conscient des enjeux et de son rôle, ce dernier organise l'hospitalisation de Léon Mba en lien direct avec Foccart, avec comme horizon la préparation de sa succession. Aucune note, aucune trace écrite. Derrière les soins médicaux, l'année 1966 est consacrée aux tractations politiques.

Mba refuse de désigner un successeur, car il considère – comme beaucoup de chefs d'État africains – que ce geste serait le synonyme de sa mort politique. Différents scénarios sont sur la table. À Libreville, depuis 1965, Delauney défend l'idée de porter au pouvoir Omar Bongo. Directeur de cabinet de « Honéro » en 1964, Bongo a été nommé ministre délégué à la présidence de la République, chargé de la Défense nationale et de la Coordination depuis septembre 1965. Il est le pilier gabonais de la reconstruction de l'État après le putsch de 1964. Foccart doit convaincre Mba de ce choix. Le président hésite. Avant de se rallier à cette thèse, il demande à Foccart de faire passer un test à Bongo : un entretien avec de Gaulle, mis dans la confidence, puis un tête-à-tête privé avec Foccart. Le test est concluant et « Honéro » se rallie à la solution Bongo.

Reste à « habiller » institutionnellement cette option politique. Jacques Foccart charge Yves Jouhaud et René Journiac, deux de ses conseillers, anciens magistrats coloniaux, de « toiletter » la constitution gabonaise. L'astuce trouvée consiste à s'inspirer du statut du vice-président des États-Unis. En novembre 1966, une allocution radiodiffusée est organisée dans la chambre d'hôpital de Mba, transformée en studio télé avec le concours de deux techniciens de l'ORTF : « Honéro » annonce la nomination d'Omar Bongo au poste de vice-président, en remplacement de Paul-Marie Yembit. Les bandes sont aussitôt envoyées à Libreville pour faire croire que l'enregistrement a été fait au Gabon et maintenir le secret autour de la maladie du président.

En février 1967, la réforme constitutionnelle aboutit et confirme le statut d'héritier constitutionnel de Bongo. Afin d'asseoir électoralement la transition, des élections présidentielles et législatives anticipées sont organisées le 19 mars 1967. Léon Mba est transporté à l'ambassade du Gabon à Paris pour faire des photos de campagne aux côtés de Bongo. Sans opposition, dans un État étroitement surveillé depuis 1964, le ticket Mba-Bongo est validé par les suffrages avec 99,90 %. « Honéro » use de ses dernières forces pour se rendre à l'ambassade prêter serment sur la constitution. Il décède de son cancer le 27 novembre 1966. Bongo devient constitutionnellement le nouveau président du Gabon. Il s'appuie aussitôt sur Georges Rawiri, l'ambassadeur du Gabon à Paris, qui a géré le crépuscule parisien de Mba, lequel devient le véritable numéro 2 du régime Bongo jusqu'à sa disparition en 2006.

Bongo deviendra l'allié indispensable de la France en Afrique et, sur la fin, le doyen de la Françafrique. Il restera au pouvoir jusqu'au 8 juin 2009, date de son décès à l'hôpital Quirón, à Barcelone. Cette succession est sans conteste un des coups de maître de Foccart. À tel point que cette solution « à la gabonaise » a constitué à une époque un horizon de succession pour les régimes à partis-États dans l'esprit de Foccart, alors qu'elle reste avant tout un cas exceptionnel.

Opération Mar Verde à Conakry

*22 novembre 1970**

À Conakry, à l'aube du XXIe siècle, chacune des épaves de bateaux échoués au large de la capitale est le prétexte à des récits totalement imaginaires et épiques qui mettent en scène la résistance guinéenne du 22 novembre 1970 contre les forces impérialistes et colonialistes. Ce complot, le plus

* Cette recherche s'appuie, d'une part, sur les archives du commandant guinéen Thierno Diallo conservées par sa famille et, d'autre part, les archives coloniales portugaises conservées à l'institut des Archives nationales – Torre do Tombo (parmi lesquelles celles de la PIDE, la police politique salazariste). Elles constituent deux ensembles de sources inédites. Ce chapitre s'appuie également sur des enquêtes de terrain en Guinée, où le régime de Sékou Touré a trouvé dans ce 22 novembre 1970 un moment fondateur pour sa mise en scène politique et mémorielle. Voir Bilguissa Diallo, *Guinée, 22 novembre 1970. Opération Mar Verde*, Paris, L'Harmattan, 2014 ; et António Luís Marinho, *Operação Mar Verde. Um documento para a história*, Lisboa, Temas e Debates, 2006.

important déjoué par le régime depuis 1958, est devenu un mythe fondateur du régime de Sékou Touré, qui en a dressé le roman national fondé sur la force de la résistance guinéenne. Pourtant, la réalité des événements apparaît moins manichéenne que ce que la propagande guinéenne a toujours affiché et dont la colonne du 22 novembre, en plein cœur de Conakry, est le symbole.

Après avoir refusé le projet de Communauté française proposé par de Gaulle en 1958 et s'être rapproché des pays de l'Est, Sékou Touré devient un paria pour les Occidentaux. Dès 1959-1960, le SDECE a mené l'opération Persil, une action de déstabilisation du régime guinéen (voir l'éclatement de la fédération du Mali, le 20 août 1960). L'opération Mar Verde, lancée dix ans plus tard par le Portugal, a-t-elle reçu la bénédiction, voire l'appui, de Paris ? Rien n'est moins sûr ; cependant, deux de ses principaux alliés en Afrique de l'Ouest, le Sénégal de Senghor et la Côte d'Ivoire de Houphouët-Boigny, ont activement soutenu cette initiative.

Dimanche 22 novembre 1970, 2 heures du matin, au large de Conakry. Six bateaux de couleur grise, sans immatriculation, mouillent près des côtes de la capitale guinéenne par une nuit de pleine lune. Un temps idéal. À leur bord, les chefs politiques d'un gouvernement provisoire et quelque quatre cents hommes, puissamment armés, attendent les ordres. Le commandant du Centre des opérations spéciales du Portugal, Alpoim Calvão (son vrai nom est Carvalho), va alors lancer l'opération Mar Verde (« Mer verte »). En moins d'une heure, les soldats, habillés de treillis semblables à ceux de l'armée guinéenne, débarquent en plusieurs groupes. Ils coupent le courant de la principale centrale électrique de la ville et occupent plusieurs endroits stratégiques. Objectifs : la libération de prisonniers de guerre portugais, la capture du leader charismatique du Parti africain pour l'indépendance de la Guinée-Bissau et du Cap-Vert (PAIGC), Amílcar Cabral, et, théoriquement, le renversement du régime de Sékou Touré.

En 1970, les dictatures salazariste et franquiste sont les dernières puissances coloniales en Afrique et livrent des guerres plus ou moins secrètes dans leurs colonies – jouant, en pleine guerre froide, sur le rôle de rempart anticommuniste sur le continent face aux mouvements révolutionnaires et nationalistes africains. À cette époque, le PAIGC mène une guerre de libération contre le colon portugais et prône la réunion des îles du Cap-Vert avec la Guinée-Bissau en une seule nation. De sa base arrière de Conakry, où il détient des militaires portugais capturés à Bissau, il bénéficie de toutes les alliances et connexions « anti-impérialistes » offertes par le régime guinéen, notamment les Cubains. Pour Marcelo Caetano, le président du Conseil du Portugal qui a succédé à António de Oliveira Salazar à la tête de la dictature de l'Estado Novo, il faut absolument enrayer son influence. Cette tâche sera confiée au gouverneur militaire de Guinée-Bissau, le général António de Spínola.

En 1969, ce dernier mandate le commandant Alpoim Calvão, *alias* TG2, pour organiser l'opération Mar Verde, dont les préparatifs vont prendre près d'une année. L'idée des deux hommes est d'y associer des combattants guinéens pour appuyer les forces spéciales portugaises. Il faut donc d'abord réconcilier David Soumah, ancien syndicaliste devenu chef politique du Front de libération nationale de Guinée (FLNG, regroupement de plusieurs formations d'opposition), et le commandant Thierno Diallo, devenu chef de la branche militaire après avoir fait carrière dans l'armée française. Raison de leur brouille : des fuites de leur projet de coup d'État.

En septembre 1970, Calvão s'envole pour Paris où réside Diallo. Après avoir convaincu ce dernier, il scelle les retrouvailles des deux hommes dans un grand restaurant des Champs-Élysées. « David [Soumah] est reparti pour Dakar tout heureux, comme s'il venait d'être nommé chef d'État », confie le commandant Diallo dans les archives laissées à sa famille[1].

---

1. Manuscrit, *Moi, tirailleur sénégalais, homme de devoir et non de droit.*

À Dakar, où il vit en exil, Soumah bénéficie de la protection du président Senghor. Il a aussi reçu l'aide de l'Ivoirien Houphouët-Boigny. Diallo, dépêché par Soumah, est allé le voir à Abidjan pour acquérir des armes. Après avoir été compagnon de lutte de Sékou Touré au sein du RDA (Rassemblement démocratique africain), le président ivoirien est devenu son pire ennemi. Pilier du « pré carré » francophone, il a fait le choix de l'alliance avec l'ex-puissance coloniale, quand son homologue guinéen lui a tourné le dos en 1958 et noué des alliances avec ses adversaires en Afrique (mouvements lumumbistes, régime ghanéen).

Vraisemblablement informés, la France et les États-Unis voient d'un bon œil cette opération. Sékou Touré a durci son régime. Le Parti démocratique guinéen (PDG-RDA) est devenu un parti unique, l'opposition intérieure est sévèrement neutralisée. Si le putsch réussit, la Guinée, qui s'est rapprochée des pays de l'Est (notamment des services spéciaux tchécoslovaques), puis de Cuba, pourra surtout rebasculer dans le giron occidental.

Après avoir accosté en différents points de la capitale, les putschistes ne se voient opposer guère de résistance dans leur progression. Un groupe libère alors les prisonniers portugais du PAIGC. Un autre, les prisonniers politiques du camp Camayenne. Mais tout ne se passe pas comme prévu. La coordination des opérations est mauvaise, une équipe a fait désertion, Sékou Touré n'est pas là où il aurait dû être, à sa villa.

In fine, les putschistes échouent à prendre le contrôle de la radio nationale et de l'aéroport. Au petit matin, la radio guinéenne dénonce l'attaque. Pour Calvão, il est temps de plier bagage. Les prisonniers portugais sont en sécurité, et ont gagné la plage sous escorte, puis ont rejoint les navires par Zodiac. Il donne alors instruction aux bâtiments de lever l'ancre. Le commandant Diallo a juste eu le temps de les rejoindre en pirogue. D'autres assaillants ont moins de chance. Non prévenus et ne pouvant repartir, ils sont arrêtés par les forces loyalistes.

Les jours suivants, le plan luso-guinéen est rapidement dévoilé. Mar Verde tourne au scandale international. La Guinée dénonce un complot de « l'impérialisme » ; les opposants du FLNG sont accusés d'en être la cinquième colonne et seront politiquement « brûlés » auprès de leurs alliés africains. Les Occidentaux, dans la plus grande hypocrisie, sont contraints de dénoncer la tentative de putsch. Sékou Touré publiera sa version officielle des événements dans un livre blanc[1]. Il durcira encore son régime, opérera une purge parmi ses opposants, dont certains seront incarcérés au sinistre camp

1. *L'Agression portugaise contre la République de Guinée.*

Boiro (ex-camp Camayenne), puis torturés avant d'être pendus.

Trente-cinq ans après les faits, le Portugal n'a toujours pas reconnu sa responsabilité, qui l'engagerait à dédommager les familles de victimes. Soumah et Diallo sont désormais décédés. En septembre 2014, Calvão s'est aussi éteint, emportant une partie de ses secrets. Des doutes subsistent. Pourquoi si peu de résistance ? Et pourquoi, dans ces conditions, ne pas avoir pris d'assaut le palais, alors que Sékou Touré a mis du temps à se mettre à l'abri ? Sékou Touré aurait-il eu vent, d'une manière ou d'une autre, que quelque chose se tramait contre lui ? Le réseau de ses indicateurs – et surtout de ses belles indicatrices – est célèbre pour son efficacité en Afrique de l'Ouest. Aurait-il alors laissé faire cette opération pour neutraliser ses opposants au prix de l'évasion des prisonniers portugais ? Cette affaire aurait-elle simplement été coordonnée par les Portugais aux dépens des rebelles du FLNG ?

Coup d'État dans les cieux contre Hassan II

*16 août 1972**

En 1972, la situation politique et sécuritaire est tendue au Maroc : un an plus tôt, le 10 juillet 1971, Hassan II a échappé de justesse à une tentative de putsch baptisé « coup d'État de Skhirat ». Des militaires avaient tenté, en vain, de prendre d'assaut le palais royal de Skhirat lors d'une cérémonie. Les putschistes sont sévèrement punis, mais Hassan II se méfie de plus en plus de son entourage. Il soupçonne des membres d'avoir, sinon trempé dans le complot, du moins été incapables de l'empêcher.

* Ce récit se fonde principalement sur le témoignage inédit d'*insider* de Raymond Sasia, garde du corps du général de Gaulle, devenu chef de la sécurité personnelle de Hassan II. Le 16 août 1972, il est à bord du Boeing royal lors de l'attentat. Voir Raymond Sasia, *Mousquetaire du général*, Paris, Éditions Guéna, 2010. Ce récit est complété par des missions de terrain au Maroc.

Aussitôt décide-t-il de confier sa sécurité à un ancien garde du corps du général de Gaulle : le commissaire Raymond Sasia.

Au mois de juillet 1972, le souverain alaouite a installé son camp d'été au château de Betz, en région parisienne, où il aime se reposer. Son retour au Maroc est prévu pour le 14 août mais, au dernier moment, un rendez-vous avec le président de la République Georges Pompidou à l'Élysée l'oblige à repousser son départ. Se savait-il menacé ? Sasia pense qu'il avait reçu des informations des services secrets israéliens ou américains. La date et les horaires exacts du vol seront gardés secrets jusqu'au dernier moment. À Paris, le colonel Ahmed Dlimi, directeur des aides de camp du roi, demande à Hassan II la permission de rester à Paris pour régler des questions personnelles. « Cela m'avait paru suspect, confie Sasia. Je m'en étais ouvert au roi, qui lui refusa cette permission. » Le jour J, le cortège royal quitte le château de Betz, escorté par un détachement de motards des CRS. Direction Orly où se trouve le Boeing de la Royal Air Maroc utilisé pour ses voyages. Une quinzaine de passagers montent à bord. Le roi prend place à l'avant. Juste derrière, le prince Moulay Abdellah, le colonel Ahmed Dlimi, le commissaire Mohamed Mediouri, chef des gardes du corps du roi, et Raymond Sasia. Aux rangs suivants, le secrétaire particulier du roi, les médecins attitrés, les conseillers.

Le Boeing royal fait une brève escale en Espagne avant de repartir pour sa destination finale, l'aéroport de Rabat-Salé. Un voyage sans incident jusqu'au survol de Tanger. Du hublot, Sasia voit alors passer des F5 sans le blason de la couronne royale. Il se penche vers le roi pour demander si une escorte aérienne a été prévue. Réponse négative. « J'ai tout de suite pensé à un coup des Libyens, confie-t-il. À l'époque, les relations entre Kadhafi et le roi étaient orageuses. J'ai à peine eu le temps d'évoquer cette hypothèse avec le prince Moulay Abdellah qu'un premier coup de canon 12/7 a touché un des trois réacteurs sur le côté. Les éclats blesseront mortellement un inspecteur de police marocain et je serai blessé à la jambe et au dos, ainsi que le prince Moulay Abdellah, blessé au bras, et M. Frej, directeur du secrétariat particulier du roi, blessé au dos et aux bras par des éclats. » Miraculeusement, l'appareil ne prend pas feu. Du cockpit, le commandant Mohammed Kabbaj intime l'ordre aux passagers d'attacher leur ceinture avant qu'une deuxième salve de tirs n'atteigne la carlingue. Pour le commissaire, il n'y a plus de doute. Les commanditaires ont l'intention de faire croire à une explosion en vol. L'homme de confiance confie ses craintes au souverain. « Prions », lui répond le roi. « Il faut faire croire que vous êtes décédé et ainsi les pilotes arrêteront peut-être leurs tirs », poursuit Sasia. Le souverain demande alors au commandant

Kabbaj d'annoncer sa mort et de préparer l'atterrissage.

D'un sang-froid et d'une dextérité remarquables, naviguant avec un seul réacteur, le pilote fait piquer l'avion, puis réduit sa vitesse à la limite du décrochage, à quelque 250 km/h. Quelques minutes plus tard, il réussit la prouesse de se poser sur la piste. Un peu long toutefois : l'appareil finit dans l'herbe. Le roi demande alors au colonel Dlimi, à Sasia et à Mediouri de sortir les premiers.

L'arme au poing, les trois hommes tombent nez à nez avec le général Mohamed Oufkir, ministre de la Défense. Sa surprise est totale lorsqu'il voit le roi derrière ses trois protecteurs. Il se courbe alors pour lui baiser la main. Les membres du gouvernement sont au pied de l'avion. Ils s'étaient préparés à lui rendre un hommage. Dans le salon d'honneur, le roi confie qu'il a échappé à un « coup des aviateurs ». « Sa Majesté vient d'échapper à un attentat. Il est indemne mais souhaite se rafraîchir », demande alors Sasia. Avec Mediouri, ils font préparer le cortège pour prendre la direction du palais. Le salon s'est vidé. Oufkir est sommé de prendre la tête du convoi. « Quand le roi sera monté dans sa voiture, on vous préviendra pour le départ du cortège dont vous prendrez la tête », lui intime Sasia. Le roi s'éclipse ensuite aux toilettes, sous bonne garde. L'ordre de partir est donné. Dans la Mercedes 600 noire, le prince Moulay Abdellah a pris la place du roi. Oufkir, à l'avant du convoi, n'a pas remarqué la substitution. Pour preuve : il donne l'ordre aux putschistes d'enclencher une nouvelle phase de l'opération. Un des F5 resurgit et fait feu sur le cortège. Bilan : plusieurs morts et des blessés.

Pendant ce temps, le roi s'est éclipsé par une porte à l'arrière du bâtiment de l'aéroport. Sur le parking des employés, un homme fume une cigarette devant sa voiture. Hassan II lui demande alors s'il peut emprunter sa voiture, ce qu'il s'empresse d'accepter en confiant ses clés. Le roi décide, par des chemins détournés, de rejoindre le palais de Skhirat. Et non celui de Rabat, option jugée moins sûre. Des véhicules de la sécurité royale l'y escortent. Le putsch a échoué. Le général Oufkir, qui a aussi envisagé de bombarder le palais royal, s'est fait piéger. Ne sachant pas si le complot a été dévoilé, il rejoint Shkirat pour prêter allégeance à son roi. Le soir même ? Le lendemain ? Aucune certitude. Ce qui est sûr, c'est qu'on ne le reverra plus. Selon la thèse officielle, le général s'est suicidé au palais royal, en se tirant trois balles, dont la dernière lui fut fatale. Sa famille ne croira jamais à cette version[1]. Parmi les

1. Stephen Smith, *Oufkir. Un destin marocain*, Paris, Calmann-Lévy, 1999. Cette enquête est le premier travail d'histoire immédiate réalisée sur le règne de Hassan II. Il offre une vision plus large de la situation marocaine à la veille du putsch de 1972.

personnes soupçonnées de l'avoir exécuté, le colonel Ahmed Dlimi et le général Moulay Hafid Alaoui, oncle du roi. Ce dernier décédera en 1989. Dlimi trouvera la mort en 1983, percuté de plein fouet par un camion-citerne dans la palmeraie de Marrakech. Accident ou vengeance ?

Le roi n'a jamais aimé reparler de cet événement. En août 1973, les aviateurs putschistes seront envoyés au bagne de Tazmamart. Hassan II supprimera aussi le poste de ministre de la Défense, décision toujours effective, et se consacrera à la réforme de son armée. La DGSE et la CIA éviteront d'autres putschs. « Je suis resté aux côtés de Hassan II jusqu'à sa mort en juillet 1999. J'ai achevé de former les hommes de la garde et de réorganiser les services », confie Raymond Sasia. Son ami, le général d'armée Hosni Benslimane, était encore le gardien de la sécurité du royaume à la tête de la gendarmerie royale avant de prendre sa retraite en 2018.

L'assassinat du docteur Outel Bono à Paris

*26 août 1973**

La scène, sinistre, est digne d'un film noir. Elle se déroule dans le quartier de la Bastille vers 9 h 30, ce dimanche matin 26 août 1973. Les rues sont quasiment désertes à cette heure. Le docteur Outel Bono, personnalité politique tchadienne,

* Cette recherche s'appuie sur le dossier d'enquête menée par la police judiciaire de la préfecture de police de Paris. Il a été complété par le dossier des Renseignements généraux et des documents du 2e bureau et du Service de coopération technique international de la police. Cette recherche a ensuite été recoupée par des entretiens auprès d'anciens proches du service de sécurité tchadien du commandant Gourvennec et auprès d'anciens opposants tchadiens à Tombalbaye. Une mission de terrain au Tchad a complété l'enquête. Cette recherche a été menée avec Cyprien Boganda, journaliste, lors de l'anniversaire de l'assassinat d'Outel Bono.

vient de quitter son appartement de la rue Sedaine, tourne à pied par la rue du Commandant-Lamy (l'histoire est ironique, il s'agit d'un des officiers de la colonne partie à la conquête du lac Tchad en 1900 et dont le nom a été donné à la capitale tchadienne) pour rejoindre sa voiture, une DS 21, qu'il a garée la veille rue de la Roquette. Bono s'empare de ses clés, ouvre sa portière et s'installe au volant. Il a à peine le temps de s'asseoir que surgit un homme qui braque sur lui un 9 mm et lui tire deux balles quasiment à bout portant : l'une dans la joue, l'autre dans la nuque. Le docteur s'effondre dans sa voiture, tué net ; son assassin court rejoindre son véhicule, une 2 CV garée derrière la DS 21, et s'enfuit en faisant demi-tour rue de la Roquette pour s'engouffrer à contresens rue Popincourt et disparaître. L'attentat a été réalisé avec une telle rapidité que les rares témoins de la scène n'ont pas pu identifier l'immatriculation de la 2 CV.

L'affaire dépasse aussitôt la dimension criminelle pour recouvrir une dimension politique : le bruit court dans Paris comme en Afrique d'une nouvelle « affaire Ben Barka » avec, cette fois, le régime tchadien comme commanditaire.

Le président François Tombalbaye a beau nier toute implication, le calendrier politique n'a échappé à personne. Alors que le Tchad est en proie à une guerre sans fin contre la rébellion du Frolinat (sous le nom d'opération Limousin, la France a mené entre 1969 et 1972 une guerre pour sauver Tombalbaye), Bono a annoncé la création de son parti : le Mouvement démocratique de rénovation tchadienne (MDRT). Son manifeste, un document d'une trentaine de pages, a été diffusé à la presse le 24 août 1973. Une conférence de presse est prévue à Paris pour le 28 août 1973.

Tombalbaye ne veut à aucun prix de ce MDRT qui fait figure de « troisième voie » entre son régime et la rébellion. D'autant qu'il s'efforce péniblement de reprendre l'initiative en restructurant son parti unique. L'historique Parti du peuple tchadien (PPT, affilié au RDA de Houphouët-Boigny), qui a présidé à l'indépendance, est dissous pour laisser place à une nouvelle formation teintée par la politique « d'authenticité » : le Mouvement national pour la révolution culturelle et sociale (MNRCS). Le congrès fondateur du MNRCS s'ouvre… le lundi 27 août 1973 à N'Djaména (nouveau nom de Fort-Lamy avec la politique « d'authenticité »).

La police parisienne peine dans son enquête. À défaut de trouver la piste de l'assassin, elle retrace la biographie du docteur Bono. Arrivé en France en 1946, il effectue ses études secondaires à Bordeaux, puis s'inscrit à la faculté de médecine à Toulouse en 1953. Marqué par le crépuscule de l'empire colonial, il fait très tôt figure de militant nationaliste, inspiré par les thèses marxistes et communistes. Il rejoint les rangs de la célèbre Fédération des étudiants d'Afrique noire en France (FEANF). Il effectue sa première tournée politique au Tchad en 1957. En 1958, dans la perspective de l'indépendance, il rejoint le Parti africain de l'indépendance (PAI), tandis qu'il devient président-secrétaire général de l'Association des étudiants tchadiens de France (AET). En 1959-1961, il effectue son internat à Sousse en Tunisie d'où il suit avec passion la révolution algérienne en faveur des indépendantistes. En 1962, ses études achevées, il rentre au Tchad et devient médecin-chef à l'hôpital de Fort-Lamy. Quoiqu'il fût membre du PPT-RDA, il considère dès le congrès de janvier 1963 que Tombalbaye construit un pouvoir autoritaire et il ne cache pas son opposition à l'intérieur du PPT-RDA ; en mars 1963, il est arrêté pour « complot ». Condamné à mort, il est l'objet d'une campagne d'opinion en France et voit sa peine commuée en détention en vie... Après un rude emprisonnement, il est libéré en 1965. Pour le garder sous contrôle mais ne désespérant pas de le réintégrer dans son jeu, Tombalbaye le nomme directeur de la Santé publique à Fort-

Lamy. Apparemment en retrait de la vie politique (il ignore le grand congrès PPT-RDA de 1967), Bono cache cependant de moins en moins ses opinions sur la dérive du régime. En mai 1969, il est de nouveau arrêté pour « diffamation, propos excitant à la sédition, atteinte à la sûreté intérieure et extérieure de l'État ». Bien qu'il fût condamné à cinq ans de prison, il est relâché dès le mois d'août suivant. Bono conserve soigneusement ses distances avec le Frolinat. Mais la situation se complique pour lui à N'Djaména. En 1972, il profite de congés pour venir en France… et s'y exiler. À N'Djaména, la rumeur – efficacement distillée par le régime – court que Bono fraye désormais avec le Frolinat. C'est entre l'été 1972 et l'été 1973 que Bono donne corps à ses projets politiques : ils aboutissent, en août 1973, à la création de son parti le MDRT… et à sa mort.

La police judiciaire se penche plus en détail sur cette dernière année : Georges Diguimbaye, compatriote tchadien et directeur de la Banque africaine de développement (BAD), présente à Outel Bono un certain Henri Bayonne, son frère en maçonnerie à la Grande loge nationale de France (GLNF, lointaine héritière de la loge des Colonies). La relation entre Bayonne et Bono avance suffisamment pour qu'ils abordent clairement le projet du MDRT et que Bayonne parraine Bono à la GLNF (une demande préalable a été déposée auprès du Grand Maître le 24 août 1973). Montée à Paris sitôt informée de la mort de son mari, Nadine Bono est prise en charge par le couple Bayonne durant son séjour d'une semaine. Un peu trop prise en charge. Elle réalise qu'ils l'isolent pour qu'elle ne prenne pas de contact extérieur. Le rôle de Bayonne reste difficile à éclaircir, mais un élément jette une lumière inédite sur sa personnalité : vétéran du Bureau central de renseignement et d'action (BCRA), le service secret de la France libre, il est resté très proche des services secrets français. Dans cette période si critique au Tchad, il ne rencontre pas par hasard Bono. Est-il un intermédiaire (indirect) entre Paris et N'Djaména pour contrôler ou circonvenir Bono ? Croit-il sincèrement au projet du MDRT ou approche-t-il Bono pour mieux le surveiller ? Et surtout avec qui est-il en contact côté français pour appuyer son action dans un sens ou dans un autre ? Ces questions restent sans réponse. Toujours est-il que son rôle constitue le principal écran de fumée de l'enquête – d'autant que Tombalbaye le dénonce comme le « cerveau » de l'assassinat de la rue de la Roquette dans sa déclaration du 9 mars 1975.

L'enquête rebondit fin 1977-début 1978 lorsque l'identité du tueur est enfin levée : sur les traces d'un certain « Léonardi » ou « Léon Hardy », la police judiciaire identifie et auditionne (enfin) un certain Claude Bocquel, retrouvé dans le Vaucluse. Il est vrai que le contexte politique au Tchad a changé avec le coup d'État du 13 avril 1975 qui coûte la vie à Tombalbaye. Côté français, Foccart, l'influent « Monsieur Afrique », a quitté l'Élysée en mai 1974 et la France giscardienne a été obligée d'entamer des négociations secrètes avec le Frolinat à la suite de l'affaire Claustre.

Qui donc est Claude Bocquel ? Gardien de la paix et CRS français, il est affecté en 1967 au Service de coopération technique international de la police (SCTIP) et rejoint l'équipe de gardes du corps du président Bongo au Gabon, qui s'en sépare au bout de quelques mois. En 1968, il gagne Bangui, toujours pour le compte du SCTIP, et devient instructeur de tir à l'école de police centrafricaine. En 1969, profitant de tensions entre la coopération française et le président Jean-Bedel Bokassa et jouant une carte contre la France, il devient le garde du corps du général Bokassa. Exclu de la police française, il devient l'homme lige de Bokassa qui le nomme chef du service de la sécurité présidentielle.

Doté d'un uniforme bleu marine de commandant et décoré de l'ordre du Mérite centrafricain,

Bocquel est au sommet de sa gloire au second semestre 1969. Il remplit pour son maître, dont il partage l'intimité et les secrets, des missions de basse police et de sécurité personnelle. En novembre 1969 sont découverts en Centrafrique deux camps d'entraînement du Frolinat, installés par Bocquel sur instruction de Bokassa. Face au scandale, ce dernier interdit les camps ; mais Bocquel – de sa propre initiative ou sur ordre duplice de l'extravagant Bokassa ? – cherche à poursuivre l'opération. Repéré par les services français (et tchadiens), multipliant les faux pas, il entre en disgrâce entre la fin 1969 et le début 1970. Aux griefs professionnels s'ajoutent des considérations d'ordre privé : le chef de la sécurité présidentielle est devenu un partenaire encombrant pour Bokassa ; en effet, il est au courant des intrigues policières, des affaires galantes et des trafics de diamants du président.

En mars 1970, Bocquel est arrêté et sa maison perquisitionnée en présence de Bokassa qui espérait sans doute retrouver des documents compromettants, puis il est jeté en prison. Il est ensuite expulsé de Bangui pour Paris. Mais l'avion d'Air Afrique effectue une escale technique traditionnelle à Fort-Lamy. Camille Gourvennec, chef du Centre de coordination et d'exploitation du renseignement (CCER) – les services spéciaux du président Tombalbaye –, en profite alors pour appréhender Bocquel dont il connaît en détail le rôle et les activités à Bangui. Interrogé sans ménagement par Gourvennec et ses hommes, Bocquel avoue tout – et même plus. Au bout de quelques jours, l'ambassade de France obtient le renvoi de l'ancien CRS en France.

Bizarrement, Bocquel revient dès le mois de mai suivant au Tchad, où il est pris en charge par Gourvennec en personne dans le cadre d'une enquête sur le Frolinat pour être confronté à des rebelles. En réalité, sans doute lors des interrogatoires secrets de mars 1970, le chef du CCER a-t-il « retourné » Bocquel dont il a fait son agent ? C'est ce que confirme l'enquête de police judiciaire, lorsque Bocquel est retrouvé dans le Vaucluse et auditionné : il confesse avoir été recruté par Gourvennec qui lui dit travailler pour la France, lui laissant miroiter une collaboration avec le SDECE. Sans conteste, le chef du CCER s'avance beaucoup par cette allégation ; il n'en reste pas moins que, dans les méandres des services secrets en Françafrique, l'argument fait mouche dans l'esprit de Bocquel, familier des frontières troubles. Pour ses missions CCER, il reçoit le pseudonyme de Léon Hardy – improprement identifié au début de l'enquête en « Léonardi », d'où certaines confusions. La police retrouve à son domicile des billets de vols UTA et des correspondances de Gourvennec qui sont autant de preuves de ses missions d'agent du CCER.

Que savait la France de cette intrigue entre 1970 (date de l'affaire Bocquel) et 1973 (date de l'affaire Bono) ? Dans le monde opaque du renseignement, la réponse reste délicate à formuler. Camille Gourvennec est un officier français ; mais s'il a servi au Tchad dans le renseignement depuis 1963 au titre de la Coopération militaire, il est passé en 1968 sous contrat tchadien et ne doit plus répondre de ses faits et gestes que devant Tombalbaye. Il n'en reste pas moins le pivot de la sécurité au Tchad aux yeux des autorités officielles françaises (de Foccart à l'ambassade) qui doivent composer avec lui. Il est un interlocuteur complexe mais incontournable du colonel Robert, historique « Monsieur Afrique » du SDECE. Depuis 1969, au titre de la Coopération militaire, le numéro 2 du CCER est un protégé de Robert : le commandant Galopin. Ce dernier était présent lors de l'interrogatoire de Bocquel en mars 1970 ; lors de l'entretien qu'il accorde au journaliste Pierre Desjardins du *Figaro*, peu avant son exécution par le Frolinat en 1975, il confesse la responsabilité du CCER dans l'assassinat du docteur Outel Bono.

Le mode opératoire, deux balles dans la tête, ressemble à un message politique. Car il existe mille et une façons d'éliminer un opposant gênant : avec le Camerounais Moumié en 1960, le SDECE avait eu recours à des solutions qui se voulaient plus discrètes. Et pour ne rien simplifier, depuis l'affaire Ben Barka (1965) plane toujours l'idée que dans ce genre d'affaires « Foccart est au parfum », selon la célèbre expression qui a fait couler tant d'encre.

Une certitude demeure pour le crime du docteur Bono : son assassinat est bel et bien une initiative du pouvoir tchadien, exécutée par son bras armé, le CCER. Reste cependant la part d'ombre, pour laquelle ne peuvent être avancées que des hypothèses. Parmi elles, celle que le pouvoir politique français aurait été mis devant le fait accompli le 26 août 1973. Or, pour Foccart, au lendemain de l'opération militaire française au Tchad, dans le contexte de crise sécuritaire profonde que traverse le Tchad, et malgré la campagne de dénigrement dont il fait l'objet sous les traits d'un charognard (le « Dopele au cou pelé » dénoncé dans *Le Canard déchaîné* au Tchad), la priorité des priorités reste la sauvegarde coûte que coûte de l'État tchadien face au Frolinat et à la Libye. En 1973, cet État tchadien se nomme toujours Tombalbaye. La dimension spectaculaire de l'assassinat d'Outel Bono fonctionnerait alors comme un message à double détente envoyé par le pouvoir tchadien : d'une part, est physiquement éliminé l'opposant de la « troisième voie », et, d'autre part, « dans le doute », la France est rendue responsable de l'événement aux yeux de l'opinion publique. Foccart aurait-il pensé un moment, ainsi que certains l'ont suggéré autour de *Jeune Afrique*, pouvoir jouer la carte Bono (dans cette hypothèse, le rôle de Bayonne serait à réévaluer) ? Rien n'est prouvé, ni dans un sens ni dans l'autre. Toujours est-il qu'avec l'assassinat de Bono il n'existe plus aucune alternative entre Tombalbaye et le Frolinat.

Dans les jours, les semaines et les mois suivants, Gourvennec pourra continuer à aller et venir entre la France et le Tchad sans que l'enquête policière ne parvienne à le toucher. Foccart n'a sans doute eu d'autre solution *a posteriori* que « d'étouffer » l'affaire, au nom de la politique française au Tchad – dont les voies s'avèrent bien tortueuses dans les dédales du monde du renseignement. En effet, il subsiste une question sans réponse : Galopin savait-il pour l'assassinat et, le cas échéant, en a-t-il informé ses contacts français au SDECE ?

Quant à la procédure judiciaire en France, après avoir traîné en longueur et malgré les efforts de sa veuve Nadine et de son avocat, le célèbre Me Kaldor – grand ténor communiste du barreau –, elle se conclura par un non-lieu prononcé en 1982.

L'exécution du commandant Pierre Galopin au Tchad

*4 avril 1975**

Au début des années 1970, les leaders des rebelles du Frolinat sont à couteaux tirés. Ces tensions aboutissent à l'émancipation d'une branche de l'organisation dans la zone septentrionale, où Hissène Habré et Goukouni Weddeye procèdent à la création du Conseil de commandement des forces armées du Nord (CCFAN), tout en restant dans le Frolinat[1].

* Cette enquête se fonde sur une mission de terrain au Tchad, sur des entretiens avec des membres et des cadres du Front de libération nationale du Tchad (Frolinat), sur les conclusions des interrogatoires de rebelles du Frolinat arrêtés par les services de renseignement tchadiens, ainsi que sur le dossier de carrière du commandant Galopin conservé par le service historique de la Défense (Centre d'Archives du personnel militaire).

1. Goukouni Weddeye, « Témoignage pour l'histoire du Tchad », entretiens avec Laurent Correau, Paris-Alger, RFI, 2008. Il s'agit des Mémoires en cours de préparation de Goukouni Weddeye.

Faute de matériel et de moyens, ils sont néanmoins contraints d'accepter l'aide libyenne : Kadhafi occupe dès 1973 la bande d'Aozou. Dans ce contexte tendu, Hissène Habré et Goukouni Weddeye effectuent un « coup » alors sans précédent. Ils prennent en otage dans le Tibesti, le 21 avril 1974, trois Occidentaux : Françoise Claustre, archéologue au CNRS, Marc Combe, coopérant français, et le docteur Christoph Staewen, de nationalité ouest-allemande. L'idée est, d'une part, d'internationaliser et médiatiser la cause du CCFAN, et, d'autre part, de négocier des moyens matériels pour équiper leur rébellion.

L'Allemagne fédérale cède immédiatement aux demandes des ravisseurs pour récupérer le docteur Staewen. La position de la France est plus épineuse : quelle voie trouver entre le soutien officiel au régime du président Tombalbaye, la nécessité de libérer les otages et l'établissement de contacts directs avec les rebelles du Nord ? Sitôt élu, en mai 1974, Giscard d'Estaing entame des négociations secrètes avec le Tchad. Avec la bénédiction du président Tombalbaye, un vétéran d'Indochine et d'Algérie, Galopin, est envoyé en juin 1974 comme négociateur pour l'affaire des otages français.

Cet officier méhariste passe pour un « Saharien confirmé » qui s'est initié au renseignement en Mauritanie. Après une formation au SDECE, il retourne en Afrique : fin 1967, il est affecté au Tchad au titre de l'assistance militaire technique. Maurice Robert, l'influent chef Afrique du SDECE, a veillé à cette nomination : Galopin devient le numéro 2 du service de renseignement tchadien, le CCER.

À compter de 1968, la rébellion se développe de plus en plus dans le Nord (préfecture du Borkou-Ennedi-Tibesti, BET). En 1969, Galopin réussit le tour de force de diviser politiquement les éléments de la rébellion dans le BET et de rallier une importante partie des rebelles toubous à la cause gouvernementale. En 1971, il parvient aux mêmes résultats dans le Guéra (Centre). Après six années de service, il quitte en janvier 1974 le CCER. Il apparaît comme un des rares hommes en qui Tombalbaye place sa confiance. C'est la raison pour laquelle Galopin est rappelé au Tchad, six mois plus tard, pour dénouer l'affaire Claustre, une mission aussi délicate que sensible.

Dès le 6 juillet 1974, Habré fixe ses conditions : libération de détenus politiques, diffusion dans la presse française d'un manifeste politique du Frolinat et « indemnisation » (en argent et en matériel de guerre). L'affaire Claustre devient une affaire d'État. Le sort de la politique tchadienne de la France est lié à son issue favorable.

Des contacts indirects et directs avec les rebelles sont établis dans le Nord entre juin et août 1974. Mais, à l'issue de la rencontre du 4 août 1974, Habré décide de retenir Galopin prisonnier. Coup de force du rebelle ou manœuvre consentie de l'officier français ? Ce dernier semble vouloir s'engager dans un jeu dangereux : pour mieux négocier avec Habré et garder son contact direct, il accepterait de devenir une sorte de prisonnier volontaire. Cette hypothèse est confirmée par le fait que Galopin participe à la rencontre du 31 août 1974 entre l'émissaire de l'ambassade de France et Habré, aux côtés de ce dernier. La liste des demandes de matériel militaire présentée par Habré a été en réalité rédigée par Galopin.

L'affaire traîne cependant en longueur. Fin septembre 1974, le CCFAN envoie un premier avertissement en faisant comparaître devant un tribunal révolutionnaire Marc Combe et le commandant Pierre Galopin. Mais, entre octobre 1974 et mars 1975, aucun accord n'est trouvé avec Habré. Parallèlement, les rebelles commencent à soupçonner Galopin de double jeu, l'accusant d'être plus un agent de renseignement de Tombalbaye qu'un négociateur du gouvernement français. Cherche-t-il à mener une opération d'infiltration dont il a le secret, comme en 1969, pour diviser de l'intérieur le CCFAN ? Galopin, en se livrant à Habré, avait-il pour objectif secret et prioritaire de le détourner de l'encombrant parrain libyen ?

Le CCFAN utilise désormais l'otage Galopin comme un moyen de pression direct envers Paris qui ne se presse pas de finaliser les négociations. Il est transféré à Zoui pour être déféré devant un tribunal révolutionnaire présidé par Habré, le 2 avril 1975. Le lendemain, la sentence tombe : il est condamné à mort. Le verdict fait l'unanimité parmi les cadres du CCFAN. L'exécution par balles lui est refusée : il sera pendu. Le même jour, Habré lance un ultimatum au gouvernement français : si Paris ne livre pas les armes avant le 4 avril 1975 à 10 heures, Galopin sera exécuté.

Dans la nuit du 3 au 4 avril, l'officier français est soumis à la torture. Au cours de son interrogatoire, il confesse plusieurs opérations compromettantes du CCER. Le 4 avril à 10 heures, à 7 km de Zoui, sur la route d'Ossouni, il est amené au pied d'un grand arbre. Il est vêtu d'un uniforme composé d'une chemise et d'un pantalon kaki, sans galons. Sous le regard de Habré, la sentence est exécutée. La légende dit que Galopin est mort au garde-à-vous. Le coup de grâce lui est porté d'une balle de pistolet au niveau de l'oreille gauche. Ordre est donné de l'enterrer au fond de l'Ennedi.

L'affaire Claustre s'est transformée en affaire Galopin et elle est devenue une affaire d'État entre la France, le Tchad et le Frolinat. Avec cette affaire, le CCFAN s'est imposé comme le principal élément militaro-politique de la rébellion au Tchad. Le 13 avril 1975, un coup d'État militaire dépose le président Tombalbaye qui est tué au cours de cet événement. Françoise Claustre est toujours captive (elle ne sera libérée qu'en 1977) et la rébellion de Habré et de Weddeye ne fait que commencer. Les cartes géopolitiques au Tchad sont profondément rebattues.

La première opération de Bob Denard aux Comores

*20 septembre 1975**

Le 3 août 1975, Ali Soilih procède à un coup d'État sur l'île de Grande Comore. Il dépose Ahmed Abdallah, le leader politique qui a conduit l'archipel des Comores à l'indépendance seulement quelques

* Cette enquête est fondée sur le recoupement des Mémoires de Denard (rédigés à la veille de chacun de ses deux procès, l'un après son départ des Comores en 1989, l'autre après son échec aux Comores en 1995) avec les témoignages d'acteurs et témoins comoriens et français. Cette recherche est également basée sur le renouveau de l'histoire des mercenaires qui a mis au jour de nouveaux fonds d'archives, à commencer par celles de Denard conservées par l'association de ses anciens compagnons : ORBS Patria Nostra. Elle s'appuie, enfin, sur une mission de terrain dans l'océan Indien. Voir aussi Pierre Lunel, *Bob Denard, le roi de fortune*, Paris, Éditions N° 1, 1991 ; Bob Denard, Georges Fleury, *Corsaire de la République*, Paris, Robert Laffont, 1998 ; Walter Bruyère-Ostell, *Dans l'ombre de Bob Denard. Les mercenaires français de 1960 à 1989*, Paris, Nouveau Monde, 2014.

semaines plus tôt. Car, jusqu'en 1975, les Comores restent sous le statut des territoires d'outre-mer : ce statut de TOM est porté, de la réforme de l'Union française en 1946 jusqu'à la Communauté en 1958, par toutes les colonies françaises pour les distinguer des départements d'outre-mer (DOM). En d'autres termes, la décolonisation de l'archipel comorien de l'océan Indien a été différée des grandes vagues d'indépendances qui ont eu lieu en 1960 à travers l'Afrique. Cependant, conscient de l'enjeu, Foccart a fait évoluer le statut des Comores : en 1961 est proclamée l'autonomie interne.

Dès cette date, Abdallah siège au Sénat français et travaille à l'accession des Comores à l'indépendance, à la suite de l'Afrique subsaharienne. Paris traîne des pieds, mais il obtient finalement la signature des accords de Paris, le 15 juin 1973, qui programment l'indépendance. Les derniers mois de Foccart à la tête du secrétariat général des Affaires africaines et malgaches de l'Élysée ont été consacrés – fait trop souvent oublié – à l'évolution juridique et institutionnelle des territoires d'outre-mer de l'océan Indien, notamment après la révolution malgache de 1972.

Installé à l'Élysée en mai 1974, Valéry Giscard d'Estaing poursuit le processus amorcé depuis 1973 ; un référendum est organisé pour décembre 1974. L'objectif est de savoir si les Comoriens souhaitent rester Français ou prendre leur indépendance. Les trois îles de Grande Comore, Anjouan et Mohéli se prononcent pour l'indépendance, tandis que Mayotte souhaite rester dans le giron français. C'est donc vers une division politique de l'archipel que s'oriente cette indépendance, ce qu'Abdallah dénonce : il accuse le gouvernement français de Jacques Chirac de violer les règles du droit international en séparant Mayotte de l'archipel indépendant. La France entérine le maintien de Mayotte au sein de la République le 3 juillet 1975. En réaction, Abdallah prononce unilatéralement l'indépendance des Comores (Grande Comore, Anjouan et Mohéli) le 6 juillet 1975.

C'est dans ce contexte tendu entre Paris et Moroni que Soilih renverse Abdallah, qui fuit la capitale Moroni (sur l'île de Grande Comore) pour regagner son fief sur l'île d'Anjouan. Nul doute que, à cette date, Abdallah n'est pas dans les petits papiers de Paris. Aussi, Soilih comprend qu'il doit en profiter pour réduire sans attendre toute capacité de résistance de son adversaire reclus à Anjouan.

Yves Lebret, directeur de la compagnie Air Comores et proche d'Ali Soilih, prend en charge l'opération de recrutement d'une équipe de spécialistes capables de réduire la menace Abdallah. Il se rend à Genève pour s'ouvrir de son projet à des intermédiaires de confiance. En fin de chaîne, Georges Starkman, homme d'affaires et marchands d'armes, propose le nom de Bob Denard. C'est ainsi que le célèbre mercenaire débarque à Moroni et aux Comores pour la première fois, en septembre 1975. Selon Starkman, l'opération est montée à peu de frais.

« Chien de guerre » au Katanga et au Congo entre 1961 et 1967, il conserve de cette époque ses contacts établis avec le SDECE à la faveur de la crise du Congo-Kinshasa. Depuis cette date, il collabore étroitement avec Robert, fondateur du secteur Afrique du SDECE, et Mauricheau-Beaupré, conseiller de Houphouët-Boigny et *missus dominicus* de Foccart en Afrique. Il incarne une voie/voix française du mercenariat dans un univers dominé par les grandes compagnies sud-africaines ou rhodésiennes. Dans ces conditions, Denard et ses hommes s'avèrent précieux pour le SDECE qui dispose ainsi d'une porte d'entrée dans différentes crises militaires à travers le continent, ainsi que d'un « outil » fort commode pour mener des actions dans lesquels le service Action ne peut se compromettre. De fait, après 1967 et son retrait du Congo-Kinshasa, le SDECE lui fournit de faux papiers au nom de Gilbert Bourgeaud pour poursuivre plus discrètement ses activités. Ainsi, dans les années 1970, Denard s'est défait de son *battle dress* de « chien de guerre » pour devenir un « expert » que se prêtent des chefs d'État africains « amis de la France » (Hassan II, Houphouët-Boigny,

Bongo, etc.) au vu et au su des services secrets français avec lesquels il continue plus que jamais de collaborer, par-delà la démission de Robert du SDECE en 1973. De sorte que l'appel de Soilih à Denard ne peut pas passer inaperçu aux yeux de Paris, dans le contexte de 1975.

Sur le tarmac de l'aéroport de Moroni, Denard débarque les quelque trois cents fusils qu'il a amenés avec lui, sous les yeux des gendarmes français qui font mine d'ignorer son manège. Avec sept de ses hommes pour l'épauler dans son projet, il entraîne pendant quelques jours près de deux cents Comoriens partisans de Soilih, baptisés *mapinduzi* (militaires militants).

L'opération est déclenchée le 20 septembre 1975. Les avions de Lebret transportent les troupes de Grande Comore à Anjouan. Il ne faut pas plus de quelques heures à Denard pour s'emparer de l'île et de faire d'Abdallah son prisonnier. Ce dernier est contraint à l'exil en France. Le mercenaire, quant à lui, découvre Anjouan qui lui apparaît comme un véritable paradis. Il rêve depuis longtemps d'un coin d'Afrique où installer sa base arrière : en 1975, il prend conscience de ce que pourraient représenter les Comores pour son projet.

Cependant, l'histoire n'est pas aussi simple. Certes, Abdallah est puni ; mais Paris a-t-il clairement compris le programme de Soilih ? Ce dernier s'affiche farouche révolutionnaire aux accents ouvertement marxistes. Il lance notamment une réforme agraire de vaste ampleur. Bref, les Comores indépendantes basculent sous un régime révolutionnaire : l'opération de Denard en 1975 accouche donc d'un régime « contraire à [ses] convictions de toujours ». Un euphémisme pour ce farouche nationaliste anticommuniste ; un contresens pour Paris qui, trop réjoui de voir Abdallah puni pour son geste de 1975, n'a pas compris que lui a succédé un authentique révolutionnaire aux antipodes de la politique africaine de la France, trois ans seulement après la Révolution malgache. Denard, dans ces conditions, quitte les Comores en promettant à Soilih de revenir.

Dès le mois de février 1977, Abdallah, toujours en exil à Paris, reprend contact avec Denard pour lui demander d'organiser son retour au pouvoir. De l'aveu du mercenaire, l'affaire est pilotée par la cellule Afrique de l'Élysée, dirigée par René Journiac, l'ancien bras droit de Jacques Foccart au secrétariat général des Affaires africaines et malgaches. Après le fiasco du coup d'État raté de Denard au Bénin en 1977 (compromettant Journiac, Hassan II, Bongo et Eyadema par les documents qui sont oubliés dans la précipitation du rembarquement sur le tarmac), il se recentre donc sur les Comores. En mars 1978, l'opération Atlantide est lancée. Denard a acquis avec l'aide du célèbre « Crabe-Tambour » le bateau

Antinéa. Son équipe se compose d'une cinquantaine de mercenaires : après avoir quitté Lorient et être passé par les Canaries, l'*Antinéa* double le cap de Bonne-Espérance, à destination (tenue secrète) de Moroni. Pour couverture, le mercenaire a créé une société *offshore* de recherche sismique et géophysique supposée se rendre en Terre de Feu. Le 13 mai 1978, au petit matin, l'*Antinéa* aborde la plage d'Itsandra, sur la côte de Grande Comore. En quatre heures, Moroni passe sous le contrôle des mercenaires et Soilih est fait prisonnier.

Soilih sera tué quelques jours plus tard : officiellement au cours d'une tentative d'évasion. Dans les faits, les circonstances de sa mort restent obscures et certains y voient la main des mercenaires. Abdallah devient le maître du pays, mais doit faire face à un double enjeu : redresser une situation économique rendue exsangue et manœuvrer face au pouvoir que représentent les mercenaires qui ont fondé la Garde présidentielle (GP), véritable État dans l'État, reconnaissable à ses uniformes noirs[1].

Après avoir découvert les Comores en 1975, Denard en fait sa base arrière à partir de 1978. Les services spéciaux militaires sud-africains se feront les principaux bailleurs de fonds de la Garde pré-

1. Laurent Boullard, *Bob Denard, sultan blanc... des Comores*, film documentaire français (52 mn), 2012.

sidentielle et Denard devient un précieux allié du régime de l'apartheid dans l'océan Indien. L'histoire des Comores du 13 mai 1978 au 26 novembre 1989, date de la mort par balles d'Abdallah dans des conditions troubles et en présence du mercenaire, est dès lors indissociable de l'histoire de Bob Denard et de la Garde présidentielle aux Comores.

Jonas Savimbi est reçu discrètement au SDECE

*30 novembre 1977**

La révolution des Œillets, le 25 avril 1974, a mis fin à la dictature de Salazar et ouvert la voie, en 1975, aux indépendances des anciennes colonies portugaises. En Angola, le pouvoir est conquis par le Mouvement populaire de libération de l'Angola (MPLA) d'Agostinho Neto qui défait militairement le Front national de libération de l'Angola (FNLA). L'Union nationale pour l'indépendance totale de l'Angola (Unita) de Jonas Savimbi s'impose désormais comme la principale force d'opposition. Le pays

* Ce récit est principalement fondé sur le témoignage inédit de Michel Roussin, directeur de cabinet du directeur général du SDECE, Alexandre de Marenches. Il a été recoupé avec des témoignages d'anciens responsables du service Action et d'agents du SDECE investis dans la lutte anticommuniste en Afrique.

bascule dans une longue guerre civile qui sera l'une des principales lignes de front de la guerre froide en Afrique. Elle met aux prises le MPLA soutenu par l'Union soviétique, Cuba et les pays de l'Est, et l'Unita appuyée par les États-Unis, l'Afrique du Sud, la France et ses alliés francophones. Savimbi va alors bénéficier du discret soutien du SDECE. Son mouvement devient le porte-étendard de la lutte anticommuniste en Afrique[1].

Une trace subsiste de cette première rencontre entre le comte de Marenches, *alias* « Porthos » pour le grand public et « Dagobert » pour ses hommes, accompagné de Michel Roussin, son directeur de cabinet, et Savimbi, dit le « Galo negro » (le coq noir) : une photographie en noir et blanc datée du 30 novembre 1977. Cinq mois plus tôt, le patron du SDECE a envoyé son directeur de cabinet au Zaïre du maréchal Mobutu, allié de l'Occident en Afrique centrale dans la lutte contre le communisme. Michel Roussin est accompagné du général Alain Gaigneron de Marolles, chef du service Action (SA, chargé des opérations clandestines). Leur mission : rencontrer les hommes du leader de l'Unita.

Le comte de Marenches, qui a redynamisé le SA, s'inquiète d'une éventuelle contagion du com-

1. Ryszard Kapuściński, *D'une guerre l'autre. Angola, 1975*, Paris, Flammarion, 2011.

munisme en Afrique dans le cadre de la « guerre fraîche » en Afrique, cette reprise des hostilités de la guerre froide dans la seconde moitié de la décennie 1970. Depuis la fin de l'année 1975, un de ses officiers, le colonel de Lignières, *alias* « Monsieur Deham », entré au SA en 1965, lui fait part de ses inquiétudes. Pour Marenches, il faut convaincre le président Valéry Giscard d'Estaing de soutenir Jonas Savimbi, qui a perdu un allié à l'Élysée avec le départ de Jacques Foccart, secrétaire général pour les Affaires africaines et malgaches. Giscard d'Estaing est toujours hésitant, même si le leader de l'Unita a été reçu, en avril 1975, par Claude-Pierre Brossolette, secrétaire général de la présidence.

« Alexandre de Marenches voulait avoir un contact physique avec le personnage, confie Roussin. Nous avons appris qu'il se trouvait dans un pays allié, la Côte d'Ivoire. Nous y avons envoyé une équipe du service Action, qui a pris un avion bi-turbo propulseur pour le récupérer à Abidjan et le ramener à Paris. » Avec Hassan II, Senghor et Mobutu, Houphouët-Boigny est l'un des principaux parrains de Savimbi, qu'il a pris en affection. Il le reçoit régulièrement dans son pays et lui accorde, ainsi qu'à ses proches, des passeports ivoiriens. « Il m'a toujours prodigué des conseils, soutenu et n'a cessé de défendre la cause de l'Unita », confiera Savimbi, plus tard, dans une interview.

Fin novembre 1977, le King Air 200 du SDECE se pose de nuit à Toussus-le-Noble, un aérodrome privé de la banlieue parisienne. Savimbi, accompagné de deux de ses lieutenants, est pris en charge par les agents et est installé dans une villa en Seine-et-Marne, une planque du Service. Le cabinet du SDECE monte alors une réunion au siège des services, au 141 boulevard Mortier, à proximité de la porte des Lilas. Le 30 novembre, Marenches accueille Savimbi en personne. Il lui présente son état-major qu'il a convié à la réunion. « Savimbi était alors un être exceptionnel, confie Roussin. Il a déployé ses cartes et nous a fait une analyse géopolitique de la situation angolaise et nous a expliqué la tactique qu'il mettait en œuvre sur le terrain. » Le rebelle de l'Unita séduit ses hôtes.

Cultivé, polyglotte parlant parfaitement le français et le mandarin, il est doté d'un fort charisme doublé d'une grande intelligence. Né le 3 août 1934, il a étudié la médecine au Portugal, les sciences politiques en Suisse, séjourné en Chine. Au cours de sa période militante, il a rencontré des personnages comme l'Algérien Ben Bella, l'Égyptien Nasser, l'Argentin Che Guevara. Il admire aussi De Gaulle dont il a lu les livres et s'est fait envoyer les cassettes. Un atout au sein du SDECE. Dans un livre d'entretiens accordé à Christine Ockrent, Alexandre de Marenches avouera avoir eu une « admiration et une affection sans bornes » pour Savimbi, qu'il voyait devenir président. « Nous pourrions disposer d'une zone à influence culturelle française extrêmement forte et qui irait pratiquement de Tanger, du détroit de Gibraltar, jusqu'à la frontière sud de l'Angola et de la Namibie », confiera-t-il à la journaliste[1].

Au siège du SDECE, en novembre 1977, Savimbi obtient des armes, des transmissions, de la formation militaire. « Nous n'avions pas les moyens des Américains, mais nous avons fait ce que nous pouvions pour l'aider, poursuit Roussin. Cela lui a permis de montrer aux cadres de l'Unita qu'il avait un réseau dans le monde libre. » Savimbi assoit sa position de leader de l'Unita et la rébellion monte alors en puissance. Il bénéficie aussi d'une aide très importante des Sud-Africains, des Belges et des Américains qui iront jusqu'à lui livrer des missiles Stringer. La France fait venir des correspondants de l'Unita à Paris et à Bruxelles pour améliorer la liaison.

Bien qu'il n'ait pas reçu le feu vert de l'Élysée, Marenches charge son cabinet et le SA de mettre en place des actions de soutien et d'assistance aux rebelles du maquis angolais (fournitures, armements, conseils politiques et militaires, encadrement). Il fait livrer des armes françaises et chinoises. Une opération

1. Alexandre de Marenches, Christine Ockrent, *Dans le secret des princes*, Paris, Stock, 1986.

de 130 tonnes de matériel chinois passe notamment par le port de Pointe-Noire (Congo-Brazzaville) où il est déchargé, reconditionné en paquets de 15 à 20 kg, puis acheminé par porteur jusque dans le maquis. Des équipes sont aussi envoyées sur le terrain, pendant de longs mois, pour assurer la formation des rebelles et mettre au point la stratégie. Les rebelles sont aussi formés dans les structures de Hassan II au Maroc. Le comte de Marenches va aussi rencontrer personnellement Savimbi dans son maquis. Et le SA, discrètement infiltré à Luanda, mène des opérations coups-de-poing. Il fait notamment sauter l'hôtel de la capitale angolaise qui abrite les conseillers militaires bulgares du MPLA. En novembre 1980, les hommes de ce service participent à la destruction d'un hélicoptère russe près de Cuando-Cubango[1].

Mais Giscard d'Estaing freine. L'Angola est un territoire éloigné et cela ne vaut pas la peine de se brouiller avec Moscou. L'aide va s'essouffler avec le départ de Marenches en 1981, et le jeu de chaises musicales à la direction des Services (rebaptisés DGSE). La France ne met pas non plus tous ses œufs dans le même panier. Le régime marxiste de Luanda, dirigé par Eduardo dos Santos depuis la mort d'Agostinho Neto en 1979, s'accommode parfaitement de

1. Roger Faligot, Jean Guisnel, Rémi Kauffer, *Histoire politique des services secrets français*, Paris, La Découverte, 2012.

l'exploitation des champs pétrolifères par les compagnies occidentales, dont la française Elf.

Roussin reverra une dernière fois Savimbi en 1986. À l'époque, il est chef de cabinet de Chirac, Premier ministre d'un pouvoir partagé avec Mitterrand dans le cadre de la cohabitation. Michel Roussin accompagne alors Jean-Yves Ollivier, un intermédiaire proche des réseaux de droite qui joue de son influence en Afrique australe, dans le maquis de Savimbi. La fin de la guerre froide se profile, la France pousse Savimbi à négocier avec Dos Santos pour mettre fin à la guerre entre l'Afrique du Sud et ses voisins. Le rebelle finit par accepter de participer, en 1992, aux élections législatives de son pays. Il les perd, refuse le verdict des urnes et relance le conflit. Les Occidentaux vont alors tous le lâcher, les uns après les autres. Le président François Mitterrand s'est toujours refusé à armer Dos Santos, mais son fils, Jean-Christophe, joue les intermédiaires avec les hommes d'affaires Pierre Falcone et Arcadi Gaydamak, qui lui livreront pour 790 millions d'armes russes et tchécoslovaques. Cela donnera lieu au long feuilleton judiciaire de l'Angolagate qui mènera à la barre nombre de personnalités de la République.

Le 22 février 2002, Savimbi meurt les armes à la main dans la brousse angolaise de la province de

Moxico, en bordure de la Zambie. Il a 67 ans. La disparition de cet éternel rebelle annonce la fin d'une guerre vieille de plus d'un quart de siècle qui aura fait près d'un million de morts et ruiné un pays de cocagne.

Jean-Bedel Bokassa couronné empereur avec l'aide de la France

*4 décembre 1977**

« Papa Bok », ainsi que certains surnomment Bokassa, en a tant rêvé. Ce dimanche 4 décembre 1977, il va se couronner lui-même empereur, titre qu'il convoite depuis la chute du « Négus » Haïlé Sélassié, l'historique empereur d'Éthiopie déchu

* Cette enquête est fondée sur les entretiens d'acteurs de la coulisse, côtés français (à l'image de Jean-Paul Benoît) et centrafricain. L'un d'entre eux, conseiller de Bokassa et proche du renseignement français, a accepté de nous ouvrir ses archives qui couvrent toute l'histoire de cette sulfureuse cérémonie. Cette recherche a trouvé comme précédent nécessaire le documentaire historique d'Emmanuel Blanchard, qui a pour base principale l'enregistrement déclassifié par l'ECPAD de la cérémonie du couronnement : ce film avait été, après un montage relativement kitsch, offert à l'empereur Bokassa en cadeau officiel. Voir aussi Emmanuel Blanchard, *Bokassa Ier, empereur de Françafrique*, film documentaire français (52 mn), 2011.

en 1974. C'est l'ascension ultime d'un ancien soldat de la Coloniale qui n'a cessé d'accroître son pouvoir pendant ses douze années de règne. Le 1er janvier 1966, il a renversé par un putsch son cousin David Dacko, premier président centrafricain. Le 4 mars 1972, il s'est promu « président à vie ». Le 19 mai 1974, il a accédé à la dignité de maréchal. Enfin, à l'issue d'un congrès extraordinaire du Mouvement pour l'évolution sociale en Afrique noire (MESAN, parti unique auquel tous les Centrafricains sont contraints d'adhérer), l'empire est officiellement proclamé en 1976. Un an plus tard, Bokassa Ier a prévu de se faire sacrer empereur à Bangui avec l'aide de la France qui se fait l'intendante du couronnement.

Pour ce moment de gloire, Bokassa a donné libre cours à son extravagance. La cérémonie a lieu cent soixante-treize ans après le sacre de Napoléon. Elle se déroule dans la salle omnisport de Bangui, rebaptisée « palais du couronnement », et la scénographie a largement été copiée sur le sacre de l'empereur français. Vêtu d'une épaisse cape écarlate doublée de fourrure d'hermine blanche et d'une robe incrustée de perles sur laquelle sont brodées en fil d'or des soleils et des abeilles, Bokassa avance à pas lents sur le tapis rouge jusqu'à son trône impérial, sculpté en forme d'aigle aux ailes déployées. Un trône démesuré, avec 3,10 m de haut, 4,2 m d'envergure, 2,8 tonnes ornées de 800 plumes dorées. Au milieu du crépitement des flashs des appareils photo, le dirigeant centrafricain se coiffe lui-même d'une lourde couronne d'or et de diamants, conçue par la maison Arthus-Bertrand, avant de déposer sur la tête de l'impératrice Catherine, agenouillée, un diadème.

La cérémonie a été pensée dans le moindre détail sur la base des ouvrages publiés sur Napoléon et du visionnage du couronnement de la reine Élisabeth. Un négociant français de produits agricoles (lié aux services secrets), Jean-Pierre Dupont, et sa compagne, Lise Assouline, ont veillé aux préparatifs. Trois ans plus tôt, le trader a été présenté à Jean-Bedel Bokassa par François Giscard d'Estaing, cousin germain du président français et président de la Banque française du commerce extérieur (BFCE), qui va financer par des crédits – pas tous recouverts – le sacre. Les commerçants de l'Hexagone y trouvent leur compte : 40 000 bouteilles de vin (Bourgogne, Bordeaux, Alsace) et 24 000 bouteilles de champagne ont été achetées. Quarante-sept tonnes de peinture, vernis, laque, pinceaux et brosses ont été importées de France pour toiletter Bangui la Coquette. Plus de 200 voitures et camions, ainsi que 200 motos, ont été livrés. Le couturier français Michel Tellin a cousu douze costumes pour l'empereur, sept autres pour chacun de ses enfants et plusieurs robes pour l'impératrice. Quelque 200 kg de pétales de roses ont encore été commandés à Nice, 4 500 uniformes achetés, et l'armée française a fourni les sabres et les chevaux de cavalerie. Certains y périront, écrasés par la chaleur. Peu importe, la France giscardienne a répondu aux exigences du dirigeant mégalomane, qui n'est pas mécontent de lui faire un pied-de-nez.

Ancien soldat de la Coloniale qui a combattu en Indochine, Bokassa a toujours estimé, en son for intérieur, qu'il n'avait pas été remercié à sa juste valeur – un simple grade de capitaine acquis à l'indépendance après vingt-trois ans de service –, lui qui chérit tant « Papa de Gaulle » et Napoléon[1]… « Bokassa voulait régler un compte avec l'ex-puissance coloniale », assure l'avocat Jean-Paul Benoît, ancien directeur de cabinet du ministère de la Coopération, qui l'a bien connu. Il n'était pas donc pas mécontent d'imposer ses frasques à l'ancienne métropole en jouant son numéro de « président en chef ». D'ailleurs, ses facéties avaient commencé bien avant le sacre.

En juillet 1974, une délégation d'officiels français (militaires, préfets, politiques) vient l'accueillir au pied de son avion personnel dans l'Orléanais. « Dans les troupes qui m'ont présenté les armes, certains

1. Géraldine Faes, Stephen Smith, *Bokassa Ier, un empereur français*, Paris, Calmann-Lévy, 2000.

soldats m'ont regardé bizarrement et il y avait aussi deux "jaunes" (à l'époque le président centrafricain est poursuivi pour reconnaissance de paternité par une Vietnamienne) », lance Bokassa, avant de signifier qu'il remonte dans sa caravelle pour regagner Bangui. À Paris, Giscard d'Estaing et son « Monsieur Afrique », René Journiac, demandent des éclaircissements sur son départ précipité. « Quand le chef de l'État, qui a récemment accédé à la dignité de maréchal, se déplace, il a le droit à des honneurs particuliers », confie alors Joseph Potolot, son ministre des Affaires étrangères, au ministère de la Coopération. « Il va revenir et veut être accueilli par deux ministres. Il faut que le parcours soit balisé, que le peloton de motards soit doublé et qu'il soit reçu dès le lendemain par Giscard à l'Élysée. »

Lors de ses passages en France, les officiels tentent de se plier à ses exigences. Un jour, il veut acheter un château près de Paris pour recevoir le président français, on lui trouve celui de Hardricourt ; un autre jour, il faut lui apporter d'urgence des sous-vêtements en coton à l'hôtel ou convier la noblesse française (qui prise ses invitations) pour un repas chez *Maxim's*. En visite au Trianon à Versailles, il veut acheter tous les meubles. On lui explique avec diplomatie que cela est impossible, on lui donne alors une bonne adresse faubourg Saint-Antoine !

Depuis son putsch de 1966, la France a appris à composer avec cet interlocuteur mégalomane, cyclothymique et parfois violent, qui a fait renvoyer plus d'un ambassadeur. Sous son régime, on pratique la torture et l'emprisonnement politique mais l'Élysée ferme les yeux. Plus encore sous Giscard d'Estaing que ses prédécesseurs, il est intégré dans la grande famille africaine au nom de la *realpolitik* et de la stabilité régionale. Le président français choisit Bangui en 1975 pour la deuxième édition du sommet franco-africain et va même jusqu'à inaugurer à la tombée de la nuit une statue à la gloire de Bokassa. Présents, l'Ivoirien Houphouët-Boigny et le Sénégalais Senghor sont surpris qu'il se prête à ce jeu. Mais Bokassa sait aussi jouer avec la France en se rapprochant des pays de l'Est (il avait une maîtresse roumaine tenue par le SDECE pour être une espionne des services secrets de son pays) et de Mouammar Kadhafi, le guide libyen, se convertissant même brièvement à l'islam pour obtenir ses subsides.

Pour Foccart, l'ancien secrétaire général de l'Élysée pour les Affaires africaines et malgaches sous De Gaulle puis Pompidou, Giscard d'Estaing lui passe trop de caprices. Il qualifiera le couronnement de « mascarade ». La France a même envoyé sur place des *cameramen* de l'armée pour immortaliser l'événement, puis réaliser, en cadeau, le film officiel. Pourquoi Giscard d'Estaing a-t-il laissé se jouer cette pièce de boulevard tropicale ? Certains s'interrogent encore sur les raisons cachées et avancent – à tort ou à raison – son goût immodéré pour la chasse, son attirance pour l'impératrice ou encore les diamants... D'autres pensent que l'ancien chef d'État a surtout accédé à ses exigences pour mieux l'affaiblir en faisant de lui une reine d'Angleterre retirée dans son palais de Berengo, laissant les affaires politiques à son Premier ministre, Ange-Félix Patassé.

Finalement, Giscard d'Estaing lâche celui qui l'appelait affectueusement « mon parent ». Bokassa, le jour de son sacre, a déjà perdu la solidarité de ses pairs africains, qui n'hésitent pas à s'émouvoir de ses comportements à l'Élysée. Ni Bongo, ni Houphouët-Boigny, ni Mobutu n'ont fait le déplacement. Quand à Valéry Giscard d'Estaing, il a seulement dépêché René Journiac et le ministre de la Coopération, Robert Galley, dont les médias rappelleront ce « haut fait d'armes » à sa mort.

Le 20 septembre 1979, la France déclenche l'opération Barracuda pour renverser l'empereur, de plus en plus porté sur la boisson, la répression et surtout la Libye, en pleine guerre du Tchad. L'empereur est alors en visite à Tripoli. Dacko, le cousin du président chassé par Bokassa en 1966, est remis au pouvoir par le SDECE et les parachutistes français qui travaillent à ce scénario depuis près d'un an. « Papa Bok », arguant de sa double nationalité française, se rend en France mais, devant le scandale médiatique, s'exile en Côte d'Ivoire. Après un retour raté en Centrafrique en 1986, après avoir été emprisonné, il mourra finalement à Bangui, dans le plus grand dénuement, en 1996.

Mythes et réalités autour de la mort du « Monsieur Afrique » de Valéry Giscard d'Estaing au Cameroun

*6 février 1980**

Véritable « homme de l'ombre » de la République française, René Journiac détient le record de longévité dans les Affaires africaines. Ancien élève de Jacques Foccart, il disparaît dans le crash de l'avion personnel d'Omar Bongo, mis à sa disposition par

* Cette enquête est fondée sur des missions de terrain au Tchad et au Gabon, sur les travaux de classement d'archives de Journiac par les Archives nationales, sur des entretiens avec les plus proches collaborateurs de Journiac et de Foccart, ainsi que sur des éléments d'enquêtes du crash de l'avion de Journiac. Ce chantier, mené par Pascal Geneste, conservateur du patrimoine, met au jour le rôle pivot de René Journiac dans la continuité des Affaires africaines au plus haut sommet de l'État. Voir Pascal Geneste, *Archives de la présidence de la République. Valéry Giscard d'Estaing (1974-1981)*, Paris, Archives nationales/Somogy, 2007.

l'ancien président gabonais, le 6 février 1980, en pleines négociations tchadiennes. Longtemps, la rumeur a couru qu'il avait été la victime d'un attentat monté par Kadhafi et son redoutable service spécial Mathaba.

Ngaoundéré, Nord-Cameroun, non loin de la frontière avec le Tchad. Il fait déjà nuit. L'harmattan, le vent sahélien, s'est levé depuis quelques jours. Un avion bimoteur modèle Grumman-Gulfstream II s'approche péniblement de la piste, longue de 2,5 km. Son immatriculation TR-KHD donne à voir son importance : il s'agit du jet privé du président du Gabon, Omar Bongo. L'avion commence à s'approcher de la piste d'atterrissage vers 17 h 55. Un quart d'heure plus tard, entre 18 h 10 et 18 h 12, une énorme gerbe de feu accompagnée d'une formidable détonation déchire le ciel de Ngaoundéré : l'avion présidentiel gabonais, qui n'a pas pu atterrir, vient d'exploser au niveau du village de Maoui. Sur un rayon de 300 mètres autour du lieu du crash, c'est un mélange de débris de carlingue, de corps calcinés et de cadavres de bétail. Les secours s'improvisent pour extraire les corps, mais le désastre n'a laissé aucun survivant. Aussitôt, l'alerte est donnée en priorité à Yaoundé et Libreville.

La catastrophe vire à l'affaire d'État : Bongo avait mis son bimoteur personnel à disposition de Journiac, le « Monsieur Afrique » de Giscard d'Estaing, dans le cadre des négociations secrètes sur la crise tchadienne. Depuis 1969, la France affronte au Tchad, de manière ouverte ou couverte suivant les périodes, les ambitions du régime libyen du colonel Kadhafi. Une question traverse alors tous les esprits : accident malheureux ou attentat libyen ?

Journiac détient le record de longévité continue dans les Affaires africaines au plus haut sommet de la République, dépassant en la matière le célèbre Jacques Foccart. René Journiac, ancien résistant, est devenu magistrat colonial au lendemain de la Seconde Guerre mondiale, et a notamment exercé au Cameroun avant de regagner le ministère des Colonies (rebaptisé France d'outre-mer), où il gravit les échelons. Après avoir été nommé en 1959 chargé de mission au secrétariat général de Jacques Foccart, il est appelé en 1962 par Georges Pompidou pour devenir son « Monsieur Afrique » à Matignon. En 1967, Foccart le rappelle à l'Élysée pour en faire son conseiller technique, c'est-à-dire son plus proche collaborateur au sein du secrétariat général. En 1974, alors que le système Foccart est officiellement liquidé, Giscard d'Estaing conserve auprès de lui l'indispensable Journiac. En poste de 1959 à 1980 entre l'Élysée et Matignon, c'est donc plus de deux décennies de secrets politiques et de fétiches africains que Journiac a dans la tête.

Depuis 1978, Journiac est particulièrement actif dans le dossier tchadien, devenu sa priorité : pour lutter contre Kadhafi, il est parvenu à gagner le rebelle Habré à la cause française, à le « débaucher » de la rébellion et à le faire entrer dans le gouvernement tchadien. Par cette manœuvre, Journiac entend porter un coup politique fatal aux stratégies libyennes qui s'immiscent au Tchad à travers la rébellion. Sillonnant sans relâche l'Afrique, parlant à l'oreille des chefs d'État africains, Journiac n'hésite pas à aller en personne effectuer des négociations secrètes, comme ce fut le cas au Soudan pour « pousser » Habré selon certaines sources. C'est dans ces circonstances que Bongo, allié de la France en Afrique centrale, a mis à la disposition du « Monsieur Afrique » son jet privé en février 1980, alors que la situation se tend entre les différentes factions tchadiennes. En ce 6 février 1980, Journiac venait de quitter N'Djaména pour se rendre à Yaoundé, où il devait s'entretenir avec le président camerounais Ahidjo.

Le 7 février au matin débarque à Ngaoundéré Robert Mazeyrac, ambassadeur de France à Yaoundé. Ironie de l'histoire, c'est un ancien collaborateur et ami de Journiac du temps du secrétariat général de Foccart. Le président Ahidjo a mis à disposition de Mazeyrac son avion personnel. Quelques minutes plus tôt, un Mystère 20 de la présidence gabonaise a atterri à Ngaoundéré : il transporte une délégation conduite par le général Ba Oumar, commandant en chef de l'armée gabonaise. Le corps de Journiac a pu être identifié dans la matinée ; ses restes sont déposés dans un cercueil en zinc soudé à l'étain, et les cercueils extérieurs, en bois, reçoivent les sceaux du consulat français de Garoua et de la gendarmerie camerounaise de Ngaoundéré. À 17 heures, une cérémonie religieuse se tient à la cathédrale Notre-Dame, en présence du président Ahidjo. Toutes les personnalités repartent dans la soirée. Au matin du 8 février restent deux enquêteurs : le commandant Villetorte, chef de la sécurité militaire gabonaise, qui poursuit l'enquête scientifique, et M. Nelet, collaborateur du consul de France à Garoua, qui cherche la serviette de Journiac, ou, à défaut, son contenu. Les documents calcinés retrouvés seront aussitôt adressés à Mazeyrac à Yaoundé.

Longtemps, la conviction (non prouvée) est restée que Journiac, en pleines négociations tchadiennes, a été la victime d'un attentat monté par Kadhafi et la Mathaba. L'enquête scientifique a conclu à l'absence de défaillance matérielle – et, par conséquent, a évacué la thèse de l'attentat. Reste l'hypothèse humaine. Un témoin, aviateur, a assisté à distance à la scène : son expertise est sans appel. En raison des mauvaises conditions (nuit et harmattan), la piste n'a pas dû être vue à temps ; la procédure d'approche a été mal effectuée ; la décision de remettre les gaz a été prise trop tard et, là encore, mal réalisée. Le silence, toutefois, s'impose autour de cette défaillance humaine : le pilote gabonais, le colonel Aphonse Layigui, était le neveu d'Omar Bongo.

En pleine crise de palais pour ses affaires africaines, Giscard d'Estaing cherche désespérément à trouver un successeur à l'exceptionnel Journiac. Le président se résigne à contacter confidentiellement le seul homme qui puisse lui répondre : Foccart. Ce dernier l'oriente vers Yves Jouhaud, le presque frère de René Journiac depuis l'École coloniale, qui est lui aussi un ancien du secrétariat général de Foccart. Mais Jouhaud refuse. Foccart propose alors le nom de Martin Kirsch, lui aussi ancien camarade de promotion de Journiac et ancien chargé de mission de Foccart au secrétariat général. Officiellement, le « système » Foccart est liquidé depuis 1974 : dans les faits, « l'école » Foccart reste une matrice inavouable pour les présidents français. Kirsch et Foccart se retrouveront en 1981 à sillonner l'Afrique dans le cadre des élections présidentielles françaises : le premier pour Giscard d'Estaing, le second pour Chirac.

La France échoue à éliminer Mouammar Kadhafi

*5 août 1980**

Pour la France de Valéry Giscard d'Estaing comme pour l'Égypte d'Anouar el-Sadate, le colonel Mouammar Kadhafi, guide autoproclamé de la Libye, est devenu l'ennemi continental à abattre. Parvenu au pouvoir le 1er septembre 1969, à Tripoli, par un coup d'État militaire, le jeune officier a posé les bases de son régime au fil de la décennie 1970. En 1975, il publie le *Livre vert*, véritable recueil idéologique du régime ; en 1977,

* Cette enquête est menée sur la base d'entretiens avec d'anciens responsables du SDECE et sur le renouveau de l'histoire du renseignement et de l'État secret. La chute de Kadhafi, en 2011, a constitué un élément mémoriel non négligeable pour justifier le « réveil » de la mémoire de cette opération. Voir Roger Faligot, Jean Guisnel, Rémi Kauffer, *Histoire politique des services secrets français*, Paris, La Découverte, 2012.

il établit la Jamahiriya (« l'État des masses ») ; en 1979, il devient le « guide de la Révolution de la Grande Jamahiriya arabe, libyenne, populaire et socialiste ». Son pouvoir personnel n'a cessé de se renforcer au fil du temps. Mais il représente surtout une grave menace pour les intérêts de la France et de ses alliés africains. S'étant invité dans la géopolitique afro-arabe par l'intermédiaire de la Mathaba (services spéciaux libyens), il a fait de son territoire le refuge de terroristes internationaux et anti-occidentaux, tels qu'Abou Nidal ou Carlos.

Le Guide libyen lorgne aussi en direction du Tchad, une chasse gardée de la France. Profitant de la rébellion qui agite le pays depuis 1965, il parraine l'organisation rebelle du Nord : le CCFAN (Conseil de commandement des forces armées du Nord), dirigé par Goukouni Weddeye et Hissène Habré. Kadhafi envahit en 1973 la bande d'Aozou, dans le nord du Tchad, et l'annexe trois ans plus tard, en 1976. En cette même année, la rupture est consommée entre Weddeye et Habré. Après des tractations complexes, le premier passe sous la protection de Tripoli, tandis que le second se rapproche de N'Djaména. Les deux frères ennemis se disputent le pouvoir pour N'Djaména en 1979 et 1980.

Un contexte difficile et une source d'instabilité régionale que le SDECE pourra réduire s'il parvient à déstabiliser le régime libyen. Un plan est alors secrètement mis sur pied.

Sur les consignes du directeur général du SDECE, le comte Alexandre de Marenches, le colonel Alain Gaigneron de Marolles, chef du Service Action (SA), a fortement développé son réseau. Il a créé au sein du SA des structures clandestines capables de réaliser des opérations aussi audacieuses que secrètes, qui se concrétisent par des actions tactiques clandestines. L'Afrique est un terrain d'action privilégié des « structures » de Marolles.

La stratégie globale du SDECE consiste à s'appuyer sur l'Égypte d'Anouar el-Sadate, qui a rallié le camp occidental et qui héberge les opposants à Mouammar Kadhafi. Dès le mois de février 1979, Sadate a en effet fait savoir à Giscard d'Estaing son intention d'en finir avec l'encombrant colonel libyen. Le président français envoie Journiac au Caire pour parler plus avant du renversement de Kadhafi. Au mois de juillet 1979, Alain Gaigneron de Marolles se rend en Égypte rencontrer Omar Waheishi et Abdel Moheim al-Houni. Le premier est un ancien compagnon de Kadhafi lors du putsch de 1969 ; le second est un ancien ministre de la Défense. En 1975, ils ont tenté un coup d'État contre le Guide qui s'est soldé par un échec. Ils se sont alors réfugiés auprès de Sadate. Depuis Le Caire et la frontière de

Cyrénaïque, ils animent un mouvement d'opposition anti-Kadhafi.

Marolles se rend sur la frontière libyenne pour étudier un plan d'action. Mais, sous la pression des Américains, très influents dans l'Égypte de Sadate, le gouvernement égyptien demande au SDECE de démonter l'opération qu'il prépare avec Waheishi. Le Guide reste toutefois une cible prioritaire du Service : le 1er septembre 1979, pour les dix ans de son accession au pouvoir, il échappe à un attentat organisé à Benghazi par le SDECE et les Moukhabarat (les services de renseignement égyptiens).

« Je vous charge personnellement de renverser Kadhafi. » C'est la consigne que le colonel de Marolles dit avoir reçue de la bouche de Giscard d'Estaing, en décembre 1979. Le président français, en délicatesse avec le comte de Marenches, préfère s'adresser à Marolles, promu directeur du Renseignement au SDECE, c'est-à-dire véritable numéro 2 du Service. À l'insu de son patron et en ligne directe avec l'Élysée, Marolles organise sa mission.

Deux facteurs affaiblissent l'opposition libyenne. En premier lieu, elle est divisée en différentes factions qui cherchent chacune leurs soutiens internationaux. En second lieu, la Mathaba, sous l'égide de Moussa Koussa, mène une redoutable traque aux opposants en Libye et à l'étranger.

Politiquement, Marolles plaide pour dessiner un gouvernement d'union en exil autour de Waheishi et Al-Houni. Stratégiquement, il orchestre à destination de la Libye une campagne d'opérations psychologiques dont il a le secret, avec le soutien des Moukhabarat égyptiens. Tactiquement, il tisse le réseau du SDECE entre la Tunisie et l'Égypte, en passant par différentes capitales du monde arabe (Riyad, Bagdad, etc.). La pièce la plus délicate du dispositif reste l'opération clandestine menée au cœur même de la Libye par « Dall », l'officier du SDECE à Tripoli. L'objectif final consiste à organiser un soulèvement militaire à Tobrouk et à liquider Kadhafi. Marolles accumule sur lui un maximum de renseignements personnels. À Tobrouk, le SDECE semble même avoir réussi le tour de force de « retourner » Driss al-Chehaibi, le chef de la sécurité militaire libyenne.

L'opération est prévue pour le 5 juin 1980. Mais finalement, rien ne se passe. L'élimination physique d'Al-Chehaibi neutralise le plan. Suicide ? Exécution des services de sécurité libyens ? A-t-il eu le temps de livrer les secrets de l'opération ? L'échec vire au fiasco lorsque l'ambassade de France à Tripoli est mise à sac et que « Dall » est pris en otage par les soldats de Kadhafi. Une réponse, en guise d'avertissement, du Guide qui a su déjouer l'opération de déstabilisation des services français.

Le scandale est étouffé, mais Marolles essuie la double colère de Giscard d'Estaing pour avoir raté son coup, et de Marenches pour l'avoir fait dans son dos. Le colonel est invité à faire valoir ses droits à la retraite. Le 5 juin 1980, la France a raté Kadhafi. Dans les années qui vont suivre, Paris entame depuis le Tchad une guerre ouverte contre la Libye, soutenant le régime de Habré, parvenu au pouvoir à N'Djaména en 1982.

Début d'une cohabitation inédite avec les Africains

*13 décembre 1986**

Le 13 décembre 1986, les chefs d'État africains doivent faire face à un tandem inédit et jusqu'alors improbable à la tête de la France. Pour la première fois dans l'histoire des traditionnels sommets entre l'ex-puissance coloniale et leurs pays, ils ont deux interlocuteurs français, l'un de droite et l'autre de gauche. Au lendemain des élections législatives de mars 1986, qui consacrent la victoire de la droite, Chirac est devenu Premier ministre, inaugurant la première cohabitation de la Ve République. À Paris comme à Lomé, qui accueille en décembre 1986 le XIIe sommet France-Afrique, la bicéphalie de l'exé-

* Cette recherche est menée à travers des entretiens avec les différents acteurs et témoins des délégations françaises et africaines du XIIe sommet franco-africain de Lomé.

cutif français est une nouveauté[1]. Dans la capitale togolaise, la France est représentée par Mitterrand et Chirac, qui ont tenu à faire le déplacement à la tête d'une large délégation et de leurs propres conseillers. Depuis 1981, la cellule Afrique de l'Élysée est confiée à Guy Penne, dont les conceptions s'avèrent finalement bien moins idéologiques que la ligne officielle du PS et bien plus pragmatiques au regard des objectifs de l'influence française. Il est secondé par Jean-Christophe Mitterrand, surnommé « Papamadit », qui le remplacera après 1988 et poursuivra dans la même ligne. Dans ses bagages, Jacques Chirac a ramené un « vieux de la vieille » : Jacques Foccart, le secrétaire général des Affaires africaines et malgaches à l'Élysée entre 1960 et 1974, véritable « masque africain » du général de Gaulle.

Heureusement, pour l'hôte du sommet, le général-président Eyadema, les arcanes du pouvoir français, ses réseaux officiels et officieux, n'ont plus de secret[2]. Pour la gauche comme pour la droite françaises, le Togolais fait figure de poids lourd du « village

1. Antoine Glaser, Stephen Smith, *Ces messieurs Afrique. Le Paris-Village du continent noir*, Paris, Calmann-Lévy, 1992.

2. Éric Deroo, *Eyadema, président, tirailleur, général*, film documentaire français (52 mn), 1998. Voir également Ahmadou Kourouma, *En attendant le vote des bêtes sauvages*, Paris, Seuil, 1998 : l'auteur met en scène sous les traits du président-dictateur Koyaga la trajectoire politique d'Eyadema.

franco-africain ». Il faut dire que sa voix ne vient jamais à manquer pour la France lors des votes onusiens. Juste retour des choses, Paris l'a aidé lors de la tentative de coup d'État avortée contre son régime, le 23 septembre 1986. Pour le sommet, Paris a encore dépêché cent cinquante parachutistes ; la frontière avec le Ghana d'où était venu le commando a été fermée et militarisée. En décembre 1986, la démonstration de force sécuritaire sous-tend les préparatifs de la rencontre.

Protocolairement, la préséance est accordée à Lomé à Mitterrand. Mais, politiquement, le retour aux affaires d'un conseiller tel que Foccart ne passe pas inaperçu : de nombreux présidents africains et leur entourage se pressent pour le rencontrer ou le retrouver. Au premier rang d'entre eux, le président ivoirien Houphouët-Boigny. Soucieuses de la présence de Foccart, les équipes du président Mitterrand s'activent pour surveiller les initiatives et mouvements opérés en coulisses par la droite. De son côté, Foccart dispose de ses entrées personnelles, en dehors du protocole et de la diplomatie officielle. L'ambiance est à la méfiance et à la surveillance réciproques dans les clans français…

Finalement, le sommet se conclut sans accroc entre gauche et droite. Par la suite, des contacts existeront même, en toute discrétion, entre la cellule Afrique de Foccart à la mairie de Paris, et la cellule Afrique de Jean-Christophe Mitterrand à l'Élysée. Car le fond de leur conception de la politique africaine de la France reste à cette date comparable. Parmi les deux principaux dossiers politiques abordés à Lomé en 1986 figurent le Tchad et l'Afrique du Sud. Quels que soient leurs motifs, Mitterrand et Chirac partagent *de facto* la même ligne pour ces deux grands dossiers. Sur la crise tchadienne, ils soutiennent à tout prix Habré – quels que soient leurs sentiments personnels à son égard – contre Kadhafi. Quant à l'Afrique du Sud, Paris a finalement maintenu la stratégie du dialogue. Cette politique générale est soutenue par les principaux alliés de la France en Afrique, tels que l'Ivoirien Félix Houphouët-Boigny et le Togolais Gnassingbé Eyadema en Afrique de l'Ouest, ou le Gabonais Omar Bongo et le Congolais Denis Sassou-Nguesso en Afrique centrale.

Une voix discordante se fait pourtant entendre : celle du capitaine Thomas Sankara, arrivé au pouvoir en 1983 et président du Burkina Faso. Depuis le sommet de Vittel, en octobre 1983, il ne cache pas ses différences de vues avec les piliers de la Françafrique[1].

Pour bien comprendre les dessous de la famille franco-africaine lors de ce sommet, il convient fina-

1. Christophe Cupelin, *Capitaine Thomas Sankara. Il a osé inventer l'avenir*, film documentaire suisse (90 mn), 2014.

lement de revenir quelques semaines en arrière. Le 17 novembre 1986, François Mitterrand achève une visite officielle au Burkina Faso du capitaine Sankara. Le dîner est l'occasion d'une passe d'armes oratoire, lourde de sens. Sanglé dans un uniforme de cérémonie bleu, le capitaine-président burkinabé reproche explicitement à la France d'avoir accueilli Pieter Botha, le président d'une Afrique du Sud régie par l'apartheid.

François Mitterrand, de marbre, attend la fin du sermon, véritable gifle diplomatique. Puis, il se lève, abandonne le discours officiellement préparé pour formuler sa réponse : « Dans certains nombres de ses jugements, [le président Sankara] a le tranchant d'une belle jeunesse et le mérite d'un chef d'État totalement dévoué à son peuple [...]. Mais il tranche trop. Il va plus loin qu'il ne faut. À mon avis. Qu'il me permette de lui parler du haut de mon expérience. » Sur les derniers mots, il pose paternellement la main sur son épaule. La tension est palpable derrière les sourires de façade. De retour à l'hôtel *Silmande*, un collaborateur de Mitterrand s'approche de lui, inquiet, et lui demande s'il n'y est pas allé « un peu fort ». Le président lui répond, laconique : « Il le fallait ! »

Un mois plus tard, à la conférence de Lomé, les « vieux » de la Françafrique, à commencer par le patriarche Houphouët-Boigny et le général-président

Eyadema, ne cachent plus leur souhait d'en terminer avec l'expérience sankariste. Le 15 octobre 1987, Sankara est assassiné lors d'un coup d'État. Blaise Compaoré lui succède avec la bénédiction de Félix Houphouët-Boigny et de Paris.

Le 14 décembre 1988, à Casablanca, le XVe sommet franco-africain intronise en son sein le nouveau président burkinabé, qui restera, jusqu'à sa chute en 2014, un allié crucial de la politique africaine de la France. En 1988, le Burkina Faso, absent des quatre précédents sommets, effectue très symboliquement un retour dans le giron de la famille franco-africaine sous l'égide de Compaoré. La vraie fracture à Lomé, en décembre 1986, est sans doute moins profonde entre la gauche et la droite françaises qu'entre Sankara et les piliers de la Françafrique.

Dans l'ombre de l'élection présidentielle au Niger, l'opération de « facilitation » de la DGSE

*27 mars 1993**

Le 10 novembre 1987 meurt Seyni Kountché, militaire nigérien parvenu au pouvoir en 1974 et qui a dirigé le pays d'une main de fer. Sa mort est synonyme de retour à la vie constitutionnelle. En 1989 est ainsi proclamée la IIe République. Ce premier processus de décrispation est rapidement rattrapé par la grande vague de La Baule de 1990 : Mitterrand déclare que l'aide internationale de la France serait assujettie à la démocratisation des régimes africains.

* La crise touareg de 2012 a trouvé en écho la grande rébellion de 1990-1996 au Mali et au Niger. Cette investigation est fondée sur les entretiens avec les principaux responsables officiels et officieux français du dossier « Niger » lors de la crise touareg de la décennie 1990 ; elle a été recoupée par une enquête auprès de personnalités nigériennes qui ont suivi et analysé cette histoire.

Commence dès 1990 une « marche forcée vers un processus démocratique », selon les termes d'un diplomate spécialiste du Niger. À la fièvre politico-sociale et aux violences de 1990 succède, en 1991, la Conférence nationale souveraine (CNS). Ces états généraux africains doivent garantir la transition politique.

La CNS se tient à Niamey du 29 juillet au 3 novembre 1991 : elle abroge la IIe République et redessine les pouvoirs politiques et institutionnels. Les doléances des différents représentants sont compilées dans le « cahier des charges » qui constitue la feuille de route de la CNS, mais que la *vox populi* rebaptise « cahier des surcharges ». En effet, certains aspects se révèlent très délicats à réaliser dans le cadre de la crise économique : refus des programmes d'ajustement structurel, interdiction de réduire le nombre de fonctionnaires et de réduire les salaires. Dans ces conditions, le Niger s'engage en 1992 dans une périlleuse année de transition. Son issue est, malgré tout, consacrée à une série de scrutins électoraux qui respectent le calendrier et les principes de la transition : un référendum constitutionnel (26 décembre 1992), des élections législatives (14 février 1993) et présidentielles (27 février et 27 mars 1993).

Pour Michel Lunven, ambassadeur de France à Niamey de 1988 à 1993, la priorité réside dans le respect du processus de transition et la tenue des élections[1]. Il considère qu'au lendemain de la mort de Kountché, la marche vers la démocratisation constitue la principale feuille de route politique du Niger, elle doit primer sur tout autre considération ou problème. L'ambassadeur est conscient de la difficulté autant que de l'importance de ce processus : aussi y engage-t-il toute son énergie. Cette attitude est d'autant plus à souligner que Lunven, ancien de la Coopération, a été de 1986 à 1988 collaborateur de Foccart pour les Affaires africaines à Matignon auprès de Chirac. Aussi, qu'elle n'est pas la surprise de l'ambassadeur lorsqu'en 1992, en plein processus de transition, l'armée nigérienne informe l'attaché de la Défense près l'ambassade de France que le feu a été ouvert sur un avion Transall de la DGSE dans le Ténéré, au nord du pays. Que faisait cet avion des services secrets français en pays Touareg, à l'insu de l'ambassade ?

Depuis 1990, dans les plis de la transition, émerge la question touareg qui constitue aux yeux de la DGSE la priorité politique du Niger. Après quelques premiers signes de tension et de troubles, la crise éclate réellement le 7 mai 1990 avec l'attaque du poste de Tchin-Tabaraden par des rebelles touareg.

---

1. Michel Lunven, *Ambassadeur en Françafrique*, Paris, Éditions Guéna, 2011.

L'armée nigérienne réplique par une répression brutale sur l'ensemble de la population touareg : exécutions sommaires, arrestations arbitraires, tortures et exactions de toutes formes s'abattent sur les populations du Nord. Au lendemain de cette répression, la presse française dénonce les abus et les crimes de l'armée nigérienne. L'affaire touareg se développe désormais sur un nouveau front : les médias et l'opinion internationale, en premier lieu française. En 1990, Danielle Mitterrand, l'épouse du président français, se rend au Niger au titre de sa fondation France Libertés. La même année, Bernard Kouchner, le célèbre *french doctor* devenu secrétaire d'État à l'Action humanitaire et partisan affiché du « devoir d'ingérence », se penche sur le dossier touareg.

À cela, il convient d'ajouter qu'en 1991, loin de régler ou d'apaiser la situation, la CNS aggrave le problème touareg. Dans sa recherche de compromis, la CNS ne parvient pas à tracer les grandes lignes d'une réconciliation nationale, bien au contraire. Sans doute pour ménager une armée politiquement affaiblie et en partie méfiante envers la transition, la CNS ne prend aucune mesure de sanction ni aucune punition à l'encontre des responsables de la répression brutale dans le Nord, à la seule exception du capitaine Maliki.

Pour la DGSE, l'affaire touareg recouvre deux dimensions. La première est intérieure : la mise à l'écart des populations touaregs constitue une faute du processus de transition qui risque de coûter cher à long terme. La seconde est régionale : à la faveur de cette crise, des États voisins risquent de s'immiscer à la frontière saharienne du « pré carré » français en Afrique. Or, en juin 1990 a également éclaté au Mali une rébellion touareg menée notamment par un certain Iyad Ag Ghali, leader du Mouvement populaire de l'Azawad (MPA), qui est aujourd'hui le chef d'Ansar Dine allié avec Aqmi ; en coulisse, Alger s'est imposée comme un acteur essentiel de la crise malienne. Si les ambitions algériennes étaient connues au Sahara occidental avec son soutien au Front Polisario, la signature des accords de Tamanrasset entre la rébellion touareg du Mali et le gouvernement de Bamako, le 6 janvier 1991, met en lumière le rôle que revendique Alger dans le Sahara central. Dans ce contexte régional, Paris entend régler, en toute discrétion et dans les meilleures conditions, la question touareg au Niger pour empêcher que la situation ne prenne le même tour qu'au Mali. D'autant que le nord du Niger avec le site d'Arlit constitue le cœur des réserves d'uranium (*yellow cake*) sur lequel repose la politique énergétique nucléaire de la France.

Pourquoi la DGSE entre-t-elle en scène ? Parce que son directeur général Claude Silberzahn, en poste de 1989 à 1993, fin connaisseur de l'Afrique, a prouvé au président François Mitterrand que son service peut, mieux que tout autre institution de la République, mener avec succès une diplomatie de l'ombre pour désamorcer des crises. Il vient de le prouver efficacement en réglant le conflit sénégalo-mauritanien qui s'est conclu sous son égide par la signature d'un accord entre les représentants du président Ahmed Taya (Mauritanie) et du président Abdou Diouf (Sénégal). Négocié patiemment dans le plus grand secret à Marne-la-Vallée dans les hôtels de Disneyland, l'accord est rendu public en mars 1992[1]. Fort de ce succès, Silberzahn obtient le feu vert de Mitterrand en personne pour procéder à une opération de négociation secrète au Niger ; le chef de la DGSE rend compte directement à l'Élysée. En mai 1992, Silberzahn se rend quatre jours au Niger (Niamey, Zinder et Agadez) : la mission du service ne sera pas une « médiation » mais une « facilitation » entre le gouvernement et les rebelles. L'opération se compose, dans ses grandes lignes, de deux volets : l'un officiel qui consiste en une « facilitation » du dialogue entre le gouvernement et la rébellion, l'autre secret qui consiste à établir un lien

1. Floran Vadillo, « La DGSE comme mode alternatif de résolution des conflits : l'exemple de la négociation secrète entre le Sénégal et la Mauritanie », *in* Sébastien Laurent (dir.), *Les espions français parlent. Archives et témoignages inédits des services secrets, op. cit.*, p. 575-595.

avec une délégation rebelle, lui présenter les propositions du service et garantir la sécurité de ses déplacements pour les négociations. Pour ce second volet, la DGSE organise un pont aérien entre la France et le désert du Ténéré grâce à un Transall du Service (GAM 56)[1], et assure la sécurité des télécommunications entre le service et les Touaregs grâce à des valises Inmarsat (International Maritime Satellite). Des équipes de la DGSE assurent dans le plus grand secret la navette entre la France et le fief touareg de l'Aïr et du Ténéré.

Côté gouvernemental, le patron de la DGSE choisit comme interlocuteur le Premier ministre de la transition, Amadou Cheiffou. Reste à trouver un interlocuteur côté Touareg. Claude Silberzahn choisit de miser sur Mano Dayak. Il est un des leaders du Front de libération de l'Aïr et de l'Azawak (FLAA) de Rhissa Ag Boula, le principal mouvement rebelle, mais il est surtout le chef de la Coordination de la résistance armée (CRA), la plate-forme politique qui réunit les différents mouvements rebelles. Cependant, le profil qui est dressé de Dayak diffère radicalement selon les interlocuteurs français. Pour la DGSE, il apparaît le meilleur pour amener

1. Un premier transit de chefs rebelles par Alger semble avoir été organisé… sans grand succès : la sécurité algérienne interpelle les Touaregs nigériens.

la rébellion à la table des négociations, tant pour les fonctions qu'il occupe que pour les liens tissés avec le Service – et avec Silberzahn en personne. Au contraire, pour le Quai d'Orsay et l'ambassade, la représentativité de Dayak est relative au sein de la rébellion et son extraction non noble, dans une société de castes, lui interdirait toute autorité réelle au sein des dirigeants touaregs. Reste qu'en 1992 le très charismatique Dayak symbolise dans les médias français le mythe de « l'homme bleu ». Cette image ne doit rien au hasard.

Originaire des Ifoghas, Dayak revient au Niger après des études supérieures aux États-Unis et en France (où il épouse Odile, une Française), et se consacre à des activités liées au tourisme : après avoir été guide dans le Sahara, il fonde Temet Voyages, sa propre agence touristique qui devient la plus importante d'Agadez. Il se lie avec Thierry Sabine, l'organisateur du Paris-Dakar, et organise les étapes du rallye dans le Sahara. Bref, Dayak est un homme qui maîtrise la communication mieux que quiconque dans les rangs de la rébellion. Aussi lance-t-il son offensive médiatique en faveur de la rébellion au printemps 1992. La pièce maîtresse est son livre *Touareg, la tragédie*, publié le 18 mai 1992. Sa sortie est accompagnée d'une importante campagne promotionnelle dans la presse et à la radio ; *VSD* et RFI – où Mano Dayak dispose de contacts –

figurent au premier rang. Sur les panneaux publicitaires du métro parisien s'étalent les photos d'un Touareg accompagné d'une citation de Dayak : « Un peuple doit-il disparaître pour exister ? » Le 2 juin 1992, au musée de l'Homme est inaugurée une exposition – *Le drame des Touaregs en images* – dont Dayak est l'organisateur ; elle circulera ensuite dans les villes de France. Invité sur les plateaux télévisés pour faire la promotion de son livre et de son exposition, Dayak se fait le porte-parole de la cause touareg. En quelques semaines, à la fin du printemps 1992, Dayak a couvert une surface médiatique francophone sans pareille. Il « existe », mieux qu'aucun autre leader Touareg.

Au début de l'été 1992, la DGSE prend complètement en main le dossier Niger avec l'aval de l'Élysée et aux dépens de l'ambassade : le colonel V est envoyé à Niamey comme « facilitateur » (c'est à lui que Lunven demande des comptes pour l'avion de la DGSE mitraillé par l'armée nigérienne). Installé un temps à l'ambassade, il poursuivra sa mission directement au cœur du pays touareg. Dès la fin du mois d'août 1992, une première rencontre est organisée entre les représentants du gouvernement nigérien et ceux du FLAA, à Bussy-Saint-Georges – lieu choisi par la DGSE pour ces rencontres confidentielles. Le 20 mars 1993, à une semaine du second tour de l'élection présidentielle du 27 mars 1993, au terme de longues négociations, un accord est signé par Albert Wright, le ministre nigérien chargé de la Réconciliation nationale, Mano Dayak et le colonel V qui signe de son statut de « facilitateur ». Le *deal* porte sur la libération de prisonniers touaregs par les autorités nigériennes (dont le nombre s'est avéré très long à établir par la DGSE) en échange de la libération des otages par les rebelles, sous le contrôle de la DGSE. Après l'élection de Mahamane Ousmane à la présidence de la République, les négociations secrètes se poursuivent entre Paris et Bussy-Saint-Georges. Une trêve de trois mois est conclue entre le gouvernement et le FLAA. Le 11 juin 1993, à minuit, l'entrée en vigueur de la trêve s'accompagne de la levée de l'état de garde – c'est-à-dire de l'état d'urgence militaire proclamé en pays touareg. Une cellule de liaison et de coordination de la DGSE est installée à Arlit à compter du 1er juillet.

Mais la « facilitation » de la DGSE s'embourbe. À cela, plusieurs facteurs. Le premier réside dans les tensions qui traversent le FLAA : Mano Dayak fonde le Front de libération Temoust (FLT), laissant ainsi le FLAA entre les mains de Rhissa Ag Boula, connu pour ses connexions avec l'Algérie. Un deuxième facteur réside dans le malentendu donné à la mission DGSE basée à Arlit : pour le président Ousmane, il s'agit d'une force de sécurité dans l'Aïr ; pour la DGSE, il s'agit seulement de faciliter la médiation nigérienne.

Sans conteste, le dernier facteur est cependant le plus déterminant : avec l'installation de la cohabitation Mitterrand-Balladur, Jacques Dewatre remplace à compter du 7 juin 1993 Claude Silberzahn à la tête de la DGSE ; or, le nouveau chef des services secrets français ne partage pas les vues de son prédécesseur. La mission de la cellule d'Arlit est prolongée jusqu'au 30 octobre 1993, mais le nouveau chef de la DGSE a pour principal objectif de se débarrasser de l'encombrant dossier nigérien qu'il entend remettre au Quai d'Orsay. Avec le recours à la diplomatie officielle, la gestion de la crise finit par s'élargir aux pays voisins – ce que voulait éviter initialement la DGSE. La non-reconduction de la mission de « facilitation » et la prise en main de l'affaire par la diplomatie sont vécues, par certains spécialistes, comme une défaite face à l'Algérie dans le Sahara. Dans ce contexte, la France s'en remet, comme souvent par la suite, à son principal allié dans la zone : le président burkinabé Compaoré, qui s'efforce de reprendre la main face à Alger. Ainsi sont signés, le 9 octobre 1994, les accords de Ouagadougou. La crise touareg est toutefois loin d'avoir été réglée.

Mano Dayak, quant à lui, poursuit son combat ; mais la méfiance reste de mise envers son frère ennemi, Rhissa Ag Boula. Son aventure s'arrête brutalement le 15 décembre 1995. Ce jour-là, Dayak meurt dans le crash d'un avion Cessna 337 affrété par Niger Aïr Service, alors qu'il se rendait à Niamey pour y reprendre les négociations avec le président Ousmane. À ses côtés, dans l'appareil, se trouvait Hubert Lassier : journaliste à *Paris-Match*, puis à *VSD*, lié à la mouvance giscardienne et très proche du mystérieux Victor Chapot (l'influent conseiller de l'ombre de Valéry Giscard d'Estaing), il appartenait au cercle officieux des *missi dominici* du village franco-africain dont la mission, sans être officielle, n'en était pas moins connue des autorités françaises…

François Mitterrand et Édouard Balladur imposent la dévaluation du franc CFA

*12 janvier 1994**

Dakar, 11 janvier, 20 h 50. Dans une salle du *Méridien*, le ministre des Finances camerounais, Antoine Ntsimi, les traits tirés, commence la lecture d'un communiqué sur un ton monocorde : « Les chefs d'État de gouvernement ont marqué leur accord pour modifier la parité du franc CFA, qui s'établit à 100 francs CFA pour 1 franc français à compter du 12 janvier à zéro heure. » Une bombe vient d'être lâchée ! On enterre le dogme de la parité fixe après quarante-six années de *statu quo* monétaire.

* Cette recherche a pour sources d'anciens hauts fonctionnaires de l'Élysée, du ministère de la Coopération et de la Banque mondiale en charge du franc CFA et présents à Dakar lors de l'annonce de la dévaluation.

Le franc CFA avait déjà été plusieurs fois menacé mais jamais dévalué. Pur produit du pacte colonial lancé formellement en 1939 pour protéger la France et ses colonies des déséquilibres économiques et financiers liés au conflit par un strict contrôle des changes, la zone franc et sa monnaie avaient ainsi traversé les lendemains incertains de la Seconde Guerre mondiale, résisté aux indépendances jusqu'aux coups de boutoirs des États-Unis, *via* le Fonds monétaire international (FMI) et la Banque mondiale. En fait, la France n'a simplement plus les moyens de soutenir son « pré carré » francophone et se résout, fin 1993, à imposer la dévaluation à ses partenaires africains.

Au côté du ministre camerounais, son homologue français de la Coopération, Michel Roussin, le directeur du FMI, Michel Camdessus, le gouverneur de la BCEAO, Charles Konan Banny, semblent éprouvés par ces trois jours de huis clos et de rencontres nocturnes. Difficile de justifier ce que beaucoup considèrent comme une trahison auprès de leur population. Pour empêcher une ruée de leurs concitoyens vers les banques, le président sénégalais Abdou Diouf a invité ses pairs francophones pour une réunion sur le sort, déjà scellé, de la compagnie aérienne Air Afrique. Les premiers arrivent dès le 9 au soir. Et le 11 au matin, les transferts bancaires sont suspendus. « La spéculation se déchaînait », confiera, plus tard, Charles Konan Banny. Entre-temps, Abdou Diouf, qui a fini en novembre par se rallier à l'inéluctable dévaluation, Bruno Delaye, conseiller Afrique de Mitterrand, et Michel Roussin multiplient les tête-à-tête avec les dirigeants les plus récalcitrants comme le Gabonais Omar Bongo. « Il nous a engueulés plus d'une fois, Christian Noyer [directeur français du Trésor] et moi », s'en amuse aujourd'hui l'ancien ministre de la Coopération.

Pourtant, dès 1992, la rumeur de dévaluation court en marge du sommet de l'Union monétaire ouest-africaine, déjà à Dakar. Alassane Ouattara, le Premier ministre ivoirien, Michel Camdessus et Christian Noyer semblent avoir convaincu l'Élysée d'un réaménagement de la parité, inchangée depuis 1948. Quelques semaines plus tôt, le Premier ministre Pierre Bérégovoy et son ministre des Finances, Michel Sapin, ont aussi fait passer une note dans ce sens au chef de l'État. Paniqués, Omar Bongo, Blaise Compaoré, Abdou Diouf et Félix Houphouët-Boigny déboulent à Paris le 31 juillet pour convaincre François Mitterrand des dangers d'une dévaluation : risque d'explosion sociale, mésentente des Africains… Ils considèrent alors que l'ex-puissance tutélaire vient de les livrer, pieds et mains liés, aux intransigeantes institutions de Bretton Woods. Le président ivoirien est le plus remonté. Il lance à Mitterrand : « Le franc CFA, c'est de l'or entre nos mains. Vous n'avez pas le droit de nous le retirer ! » Conciliant, le chef de l'État décide de reporter le projet.

L'arrivée de la droite au pouvoir, en mars 1993, remet le sujet à l'ordre du jour. Le Premier ministre de cohabitation, Édouard Balladur, a confié le dossier à Anne Le Lorier, une énarque dévouée de 40 ans[1]. Cette conseillère économique convainc rapidement son patron de la nécessité de la dévaluation à laquelle Jacques Foccart et Fernand Wibaux, les conseillers Afrique de Jacques Chirac, alors leader de l'opposition, s'opposent. C'est une nécessité pour relancer l'économie de la zone franc, dont la France ne peut plus assumer le fardeau et la mauvaise gestion. Anne Le Lorier recevra l'appui de Pierre Mesmer, l'ancien Premier ministre, qui rédige un rapport en faveur de la dévaluation. « Le président n'était pas opposé à la dévaluation et en parlait ouvertement avec le Premier ministre, avec lequel la collaboration était bonne, se souvient Bruno Delaye. Mais il voulait obtenir un consensus des Africains, et que cette question ne prête pas à polémique en France. » La préparation est donc montée dans le plus grand secret. À Paris, les pontes du Trésor redoutent qu'on ne politise l'affaire, ayant constaté la hausse des fuites de capitaux

1. François Soudan, « Histoire secrète d'une dévaluation », *Jeune Afrique*, n° 1724, 20-26 janvier 1994.

de l'Afrique vers la France. Mitterrand dépêche aussi Delaye chez Foccart pour lui demander de ne pas interférer. À la Banque mondiale, le chef de l'État promeut enfin Olivier Lafourcade comme directeur Afrique de l'Ouest et Afrique du centre pour piloter le projet. Ce dernier a la confiance des Français et des Africains. Camdessus est aussi chargé de faire passer la pilule en douceur et de trouver des crédits pour les États. « Rien ne devait être ébruité, se rappelle Serge Michailof, un ancien de la Banque mondiale. On allait voir nos homologues du FMI en passant par les parkings souterrains pour ne pas se faire voir. »

En Afrique, Eyadema, Bongo et Houphouët-Boigny font toujours de la résistance, craignant une forte inflation des produits alimentaires. Mais l'épilogue est proche. Paris fait savoir discrètement que la dévaluation est prévue pour le 7 décembre 1993. Le décès du président ivoirien ce jour-là oblige à reporter le projet en janvier.

Après d'âpres discussions à Dakar sur le montage et les compensations, le projet est enfin entériné. Le président comorien, Mohamed Djohar, qui a résisté jusqu'au bout, obtient une dévaluation de seulement 33 %. Alertées, les grandes entreprises françaises ont pu rapatrier une partie de leurs fonds pour préserver leurs activités. Les mois suivants, la Banque mondiale a déversé plus d'un milliard de dollars sur les pays de la zone. Profitant d'une bonne récolte et de prix élevés, les paysans reprendront leur production. Une croissance solide sera enregistrée de 1995 à 1997, mais le prix des produits importés grimpera en flèche. Hélas, la mauvaise gouvernance détériorera par la suite les relations avec le FMI et ne permettra pas de réduire les inégalités.

Le débat n'a jamais été refermé. Des économistes, en France comme en Afrique, remettent toujours en cause la parité fixe. Avant de devenir conseiller Afrique de François Hollande en 2012, Thomas Melonio a même suggéré, dans une note publiée par la fondation Jean-Jaurès, d'étudier la mise en place d'un système flottant. Hollande, lui-même, n'est pas hostile à une évolution à condition que les Africains se mettent d'accord. En Afrique, Mamadou Koulibaly, ancien président de l'Assemblée nationale ivoirienne, a lancé au début des années 2000 une croisade contre le franc CFA. Kako Nubukpo, ex-ministre de la Prospective du Togo, prône aussi un système plus flexible, ce qui lui a valu l'ire d'Alassane Ouattara, qui a demandé et fini par obtenir de son président, Faure Gnassingbé, son limogeage. Kako Nubukpo rebondira comme directeur de la Francophonie numérique à l'Organisation internationale de la Francophonie (OIF), mais ses attaques contre le CFA lui vaudront une mise à l'écart en 2017.

« Des économies faibles ne peuvent durablement s'arrimer à une monnaie forte, justifie Kako Nubukpo, aujourd'hui consultant. Les États africains déposent des réserves de change excessives auprès du Trésor français. Cet argent devrait être utilisé pour financer les investissements structurants : énergie, télécoms, infrastructures[1]... » À ceux qui prônent un investissement dynamique de la monnaie, Bercy rétorque que la zone franc est excédentaire, que sa balance commerciale est positive. Certes, mais l'emploi, surtout des jeunes, ne décolle pas, une véritable bombe sociale[2]. Le franc CFA bénéficie aux lobbies des importateurs, qui financent les élections, au détriment de la production locale. De plus, Paris s'est aussi assis sur ses promesses initiales. L'équipe économique de la BCEAO, du temps du projet, avait travaillé au rattachement du franc CFA à un panier de monnaie. « La zone franc a toujours des problèmes de compétitivité, conclut Serge Michailof. Sa monnaie est surévaluée. » *In fine*, la dévaluation du franc CFA marquera le début d'une réduction drastique des effectifs de la coopération française en Afrique et de son désengagement financier au

1. Kako Nubukpo, *L'Improvisation économique en Afrique de l'Ouest. Du coton au franc CFA*, Paris, Karthala, 2011.

2. Rémy Godeau, *Le Franc CFA. Pourquoi la dévaluation a tout changé*, Paris, Sépia, 1995.

profit de l'Europe de l'Est et de l'Asie. Un choix aujourd'hui critiqué alors que la France tente de retrouver sa place en Afrique à l'heure où la concurrence de la Chine, de la Turquie et de la Corée du Sud est féroce.

L'histoire secrète d'un téléphone rouge en plein génocide rwandais

*4 juillet 1994**

De retour d'une mission pour la libération d'otages humanitaires en Bosnie, Jean-Christophe Rufin, alors conseiller du ministre de la Défense François Léotard, passe directement à l'hôtel de Brienne, son ministère de tutelle. Un militaire – probablement le général Philippe Mercier, chef du cabinet militaire du ministre – l'apostrophe dans les couloirs : « Tu ne veux pas aller au Rwanda ? On ne sait pas trop ce que notre contact bruxellois du Front patriotique rwandais transmet à sa direction sur le terrain. »

* Cette recherche est essentiellement fondée sur le témoignage inédit de Jean-Christophe Rufin qui a été confidentiellement mandaté par le ministère de la Défense pour établir le contact avec Paul Kagame, chef rebelle du Front patriotique rwandais (FPR).

En ce début du mois de juillet 1994, la France est en pleine cohabitation alors qu'un génocide est en cours au Rwanda. Les forces spéciales du COS (Commandement des opérations spéciales) ont été déployées à Butare (ouest du pays) dans le cadre de l'opération Turquoise. Des accrochages viennent d'avoir lieu avec les rebelles. Officiellement, la mission des deux émissaires consiste à installer une liaison directe entre Kagame et les militaires français, ainsi que négocier l'instauration d'une zone humanitaire.

D'abord hésitant, Rufin se laisse finalement convaincre après avoir obtenu l'autorisation d'emmener un spécialiste des Grands Lacs. Il pense naturellement à son ami du CNRS, l'universitaire Gérard Prunier[1]. Cet historien a conseillé, quelques jours plus tôt, les militaires français en leur recommandant de déployer l'opération Turquoise au sud-ouest du pays où se trouvaient les Tutsis menacés plutôt qu'au nord-ouest où étaient rassemblés les débris de l'armée de Habyarimana, pour ne pas apparaître comme les sauveurs du régime hutu génocidaire. La mission est validée *ex tempore* par Balladur, alors Premier ministre de cohabitation, et Léotard. « Sans même me changer, je suis passé chercher Prunier

1. Gérard Prunier, *The Rwanda Crisis. History of a Genocide*, New York, Columbia University Press, 1995.

à son appartement, au-dessus du *Pied de cochon*, aux Halles », confie Rufin. Direction l'aéroport. Les deux émissaires embarquent le 2 juillet pour un vol à destination de Bruxelles, capitale de laquelle ils rejoignent Kampala avec la compagnie Sabena. Arrivés à destination, ils louent un van pour se rendre à la frontière rwandaise. Le bus rendra l'âme sur les pentes du Rwenzori. « Avec ma seule petite veste de lin emportée en Bosnie, je me suis gelé dans les montagnes », se rappelle l'écrivain. Un autre véhicule est envoyé le lendemain matin par le loueur. Il les déposera à la frontière rwandaise où ils croisent la reporter de guerre Patricia Allémonière. Les deux hommes feront le reste du chemin en voiture, traversant les barrages rebelles, jusqu'au quartier général du FPR, à Mulindi.

L'accueil n'est pas chaleureux. « Qu'est-ce que vous venez foutre là ! Tous nos chefs sont en opération », leur adresse, en guise de bienvenue, le responsable de la place. « Nous sommes les représentants du gouvernement français et venons expliquer le point de vue officiel », répondent les deux émissaires. « C'est incroyable que l'on nous envoie un autre Jean-Christophe [en référence à Jean-Christophe Mitterrand, précédemment conseiller Afrique de son père fort peu apprécié pour son soutien au régime de Habyarimana] », lui rétorque alors leur hôte rwandais. Il s'agit de Pasteur Bizimungu, un Hutu qui a rejoint le FPR et deviendra président du Rwanda, le 19 juillet 1994, avant que Kagame ne le chasse du pouvoir. Les trois hommes discuteront une partie de la nuit après un repas sommaire au riz blanc. Au petit matin, une 4×4 Toyota les emmène pour une destination inconnue. « Bizimungu nous a raconté l'histoire de sa famille, raconte Rufin. C'était terriblement impressionnant. Nous empruntions des chemins creux et sinueux en croisant régulièrement des petits groupes de soldats et de déplacés hagards, terrorisés, en haillons. »

Le 4 juillet en fin de matinée, ils pénètrent dans Kigali, tout juste prise par le FPR. Des tirs sporadiques se font encore entendre. Ils sont emmenés dans une caserne avec ordre de ne pas bouger en attendant de voir le « chef ». Sur le coup de 16 h 30, Kagame se présente, froid, le regard pénétrant. Imprégné de la culture de la National Resistance Army d'Ouganda, elle-même héritée de l'idéologie maoïste, ce n'est « pas le genre de gars à qui l'ont dit "Salut patron" ». Rufin lui parle avec déférence. « La nuit tombait et son entourage n'osait pas allumer de lampe de peur de le déranger, se souvient-il. Je lui ai remis un plan de nos opérations et une liste des armements que nous allions déployer. » La France a alors pour mandat de créer une zone humanitaire au sud-ouest et les émissaires sont là pour mettre en place une ligne directe pour éviter des affrontements avec les troupes du FPR.

Kagame se méfie, pensant que l'opération Turquoise ne vise qu'à l'empêcher de prendre le contrôle du pays : « Si vous voulez sauver des vies, laissez-nous nous déployer sur tout le territoire », intime-t-il. Dans ce théâtre d'ombres où se joue quotidiennement la vie des populations et des soldats, Rufin finit par convaincre son interlocuteur de déployer un téléphone satellitaire de marque Immersat pour un premier contact. Il appelle le général Jean-Claude Lafourcade, commandant de l'opération Turquoise, qu'il passe à Kagame. Grâce à cette liaison, le déploiement de la zone humanitaire sûre se fera sans affrontement militaire entre le FPR et les troupes françaises.

Le soir venu, une villa est mise à disposition des émissaires. Le lendemain matin, Kagame, de retour, propose à Rufin de le suivre. Le rebelle lui confie qu'il est très embêté, car quatre journalistes français ont été pris dans une embuscade de ses hommes. Deux sont blessés. Isabelle Staes a pris une balle dans le ventre et José Nicolas une autre dans le genou. « Vous êtes médecin. Est-ce que vous pouvez aller les voir ? Comment peut-on les évacuer ? » lui demande le chef rebelle. Les journalistes sont alors amenés au stade de Kigali. D'autres confrères sont sur les lieux. La mission Rufin-Prunier est alors immédiatement dévoilée. À Paris, Dominique de Villepin, directeur de cabinet d'Alain Juppé, le ministre des Affaires étrangères, entre dans une colère noire. Alain Juppé a reçu, le 21 juin, Jacques Bihozagara, le représentant du FPR en Europe, et Théogène Rudasingwa, un intellectuel proche de Paul Kagame. Il ne veut pas être dépossédé du dossier. Selon *La Lettre du Continent*, le patron de la DGSE, Jacques Dewatre, est aussi venu se plaindre à son « beau-frère », l'amiral Jacques Lanxade, chef d'état-major des armées, pour dire qu'une telle opération était du ressort de ses services et non de la Direction du renseignement militaire (DRM). Les deux émissaires sont rapatriés sur le champ. Plusieurs journalistes évoqueront des négociations pour la libération de soldats du COS. Une information toujours démentie par les intéressés qui regretteront d'avoir été qualifiés de « barbouzes », une fois leur mission éventée.

L'Élysée n'est pas content non plus de ne pas avoir été informé. Depuis deux ans, la France mitterrandienne tente de bloquer la progression du FPR qu'elle voit comme une tentative anglo-saxonne de renforcer son influence dans la région. Bruno Delaye, conseiller Afrique du président, tente une ultime conciliation auprès du parrain de la rébellion du FPR, Yoweri Museveni, qu'il rencontre le 30 juin à Londres. Par le passé, le président ougandais a demandé en vain, en échange de son intervention pour retenir les rebelles, une aide militaire (notamment des missiles sol-air) pour le rebelle sud-soudanais John Garang, qu'il utilise comme rempart à la progression de l'influence arabe. Reçu à l'Élysée, le 1er juillet, Museveni demande à Mitterrand : « Qui a fait tomber l'avion de Habyarimana ? » Le président français ne répond pas et glisse sur la mission fixée par l'opération Turquoise et les craintes d'affrontements avec les rebelles du FPR. Yoweri Museveni souhaite aussi avoir des éclaircissements sur le rôle de Paul Barril, conseiller militaire du régime Habyarimana. Mitterrand feint de ne pas le connaître et dit « ne pas avoir confiance en lui ». « Il est retiré de l'armée, lui confie le président. C'est un mercenaire. Il n'a jamais travaillé pour l'Élysée. » Clap de fin. Museveni ne retiendra pas Kagame qui concédera toutefois la création de la zone humanitaire pour éviter les affrontements avec les Français.

Fin de parcours pour Bob Denard

*5 octobre 1995**

Nationaliste et anticommuniste, Bob Denard commence sa carrière de mercenaire en 1961 au Katanga. C'est là qu'il est découvert par Jean Mauricheau-Beaupré, *missus dominicus* de Jacques Foccart, et par le commandant Maurice Robert, chef du secteur Afrique au SDECE (services de renseignement français). Dès lors, sans jamais relever de l'État français, Denard opère toujours avec le « feu orange » des services en Afrique, dans des conflits où la France ne peut apparaître. « Chien de guerre » au Congo dans les années 1960, « expert militaire » auprès de

* Cette recherche est menée à partir des éléments officiels du procès de l'affaire des Comores, de la défense organisée par Denard et ses hommes – témoignages sous différentes formes – et d'entretiens avec des acteurs de la politique africaine de la France au moment de l'élection de Jacques Chirac.

présidents africains dans la décennie 1970, son rôle et ses connexions politiques sont dévoilés en 1977 à la suite de son coup d'État raté contre le régime révolutionnaire béninois.

En 1975, quelques semaines après l'indépendance des Comores, Bob Denard procède à un coup de force pour installer Ali Soilih contre Ahmed Abdallah. En 1978, il revient pour renverser ce même Soilih (qui décède dans des circonstances obscures) et réinstaller Abdallah. La rumeur, bien informée, laisse entendre que l'affaire a été effectuée, comme pour le Bénin, en accord avec la cellule africaine de Journiac à l'Élysée. Denard s'installe aux Comores et gagne le surnom de « vice-roi » ou « sultan blanc des Comores ». Il crée la Garde présidentielle (GP) et devient le conseiller et le représentant personnel du président Abdallah. L'Afrique du Sud se fait l'intendante de la GP. Mais, en 1989, sous la pression internationale liée à la fin de la guerre froide, il est invité à quitter la scène : la crise qui éclate à cette occasion à Moroni coûte la vie au président Abdallah dans des conditions troubles, en présence de Denard. Le « colonel » se replie en Afrique du Sud avant de rentrer en France où il est condamné, en 1993, à cinq ans de prison avec sursis pour l'affaire du Bénin ; à la barre, Maurice Robert vient le défendre. Aux Comores, dès 1989, Saïd Mohamed Djohar devient président… sous l'œil toujours vigilant de la France, qui assure son conseil et son assistance militaires.

Malgré son âge, le « vieux » n'en reste pas moins actif. En 1994, il bat le rappel d'anciens de la GP. Depuis Genève, Bob Denard – *alias* Bernard Martin – crée trois sociétés écrans dont les boîtes aux lettres sont domiciliées à la même adresse : « Sécuridéal » pour recruter une équipe de mercenaires ; « Neptune Shipping International Company » pour l'achat de matériel ; et « Numeror International » pour acheter un bateau. *Le Vulcain*, acquis en Norvège et retapé aux Pays-Bas, accoste aux Canaries où s'embarquent Denard et son équipe en août 1995 : destination inconnue. Le procédé n'est pas sans rappeler son opération mythique de 1978 à bord de l'*Antinéa*. Renouant avec ses années de « chien de guerre », il a fait repousser sa moustache légendaire, désormais bien chenue. Pour préparer ses hommes, il leur fait visionner le film documentaire récemment réalisé sur sa vie : *Bob Denard, le corsaire de la République*. Quelques jours avant leur arrivée, il les rassemble et leur dévoile l'objectif : renverser le président comorien Saïd Mohamed Djohar. Nom de code : Kaskazi.

À Moroni, une équipe précédemment arrivée et chargée du volet renseignement prépare le débarquement à la crique du « Trou charmant ». L'opération est déclenchée dans la nuit du 27 septembre 1995. Chaque objectif est baptisé d'un nom de code féminin : la présidence

(« Catherine »), le camp Kandani (« Sylvie »), l'aéroport (« Micheline ») et Radio-Comores (« Élisabeth ») sont les quatre points névralgiques. Réalisée sans effusions de sang, l'opération est un succès tactique pour Denard, qui peut lancer avec fierté au visage de Djohar fait prisonnier : « Vous me reconnaissez ? Je suis revenu comme je l'avais promis. » Denard reprend en main le régime comorien.

Dans les jours qui suivent, l'affaire des Comores devient une affaire Denard. Le 4 octobre 1995, Paris déclenche depuis Mayotte l'opération Azalée. Objectif : neutraliser Denard. Des marsouins de l'infanterie de marine, le COS (forces spéciales), des gendarmes du GIGN et des commandos marine, en alerte depuis le 28 septembre, débarquent à Moroni. Les mercenaires sont pris au piège. Denard, pour négocier dans les meilleures conditions sa reddition et celle de ses hommes, convie les journalistes au camp de Kandani où il a établi son état-major. C'est donc sous la lumière des flashs que les mercenaires sont faits prisonniers par l'armée française. Le scandale est international : Denard prétend avoir agi avec le « feu orange » de Paris.

Dans ses Mémoires, Jean-Claude Sanchez[1], compagnon de Denard en charge du renseignement de

1. Jean-Claude Sanchez, *La Dernière Épopée de Bob Denard*, Paris, Pygmalion, 2010.

Kaskazi, avance une thèse : la France aurait utilisé Denard pour renverser Djohar dont elle ne voulait plus, puis se serait débarrassée des mercenaires indésirables. Deux raisons, parmi d'autres, sont avancées pour expliquer ce coup de billard à deux bandes. *Primo*, Denard serait devenu gênant car, à travers Kaskazi, il aurait voulu signer son retour définitif aux Comores. *Secundo*, à la suite de l'élection de Jacques Chirac en 1995, l'opération aurait fait les frais de dissensions au sein de la droite française. Pour se défendre, le « vieux » a toujours avancé qu'il opérait avec l'accord de Maurice Robert et l'aval de Jacques Foccart revenu à l'Élysée comme représentant personnel de Jacques Chirac auprès des chefs d'État africains. Or, l'un des points litigieux réside dans les contacts entre les deux hommes : si chacun reconnaît avoir eu des échanges téléphoniques directs, leur teneur varie radicalement selon les versions. Denard prétend rendre compte à Foccart de la situation, lequel nie farouchement et se déclare officiellement opposé à ce coup d'État. Reste une certitude : il est impossible que Denard ait pu organiser Kaskazi à l'insu des services de renseignement français. On l'a, pour le moins, « laissé faire » – suivant le mot d'un ancien ministre de la Coopération. Djohar est, quant à lui, invité par la France à « se reposer » à la Réunion après septembre 1995. Il ne regagne les Comores que fin janvier 1996 pour rapidement quitter le pouvoir : le 16 mars 1996, Mohamed Taki, qui apparaît comme le candidat de la droite française, est élu président de la République fédérale islamique des Comores.

Déféré au palais de justice de Paris le 7 octobre 1995, où il se présente en treillis (cas inédit depuis l'OAS), Denard est écroué au quartier VIP de la prison de la Santé où il reste neuf mois. Ses pas y croisent ceux de Loïk Le Floch-Prigent, accusé dans l'affaire Elf. En 1999, Denard est jugé pour le meurtre du président Abdallah à Paris, et acquitté. En 2006, le procès pour Kaskazi s'ouvre enfin, mais la situation est alors bien différente de 1993 : plus de témoins à décharge pour venir à la rescousse (Maurice Robert est mort un an plus tôt), et Bob Denard est sévèrement frappé par la maladie d'Alzheimer. Il meurt l'année suivante. La question des implications politiques n'a jamais pu être levée par la justice.

Laurent-Désiré Kabila devient le maître de Kinshasa

*20 mai 1997**

Ce mardi 20 mai, les journalistes ne savent plus à quel saint se vouer. Assurant la couverture de la transition en cours dans l'ex-Zaïre, ils sont à la merci des informations contradictoires que leur livrent les nouveaux maîtres de Kinshasa concernant l'arrivée imminente de leur chef, Laurent-Désiré Kabila. Partis de l'Est, les rebelles ont marché pendant huit mois et traversé plus de 2 000 km. Ils sont entrés par petits groupes dans Kinshasa, le 17 mai à l'aube. À leur tête, James Kaberebe, un commandant rwan-

* Cette recherche a été menée à partir des témoignages des compagnons de Kabila qui ont accompagné sa marche sur Kinshasa. Ils ont été recoupés par les témoignages d'observateurs internationaux en place à Kinshasa qui ont assisté à l'entrée de Kabila. Cette recherche a été complétée par des missions de terrain en République démocratique du Congo.

dais. Les Forces armées zaïroises (FAZ) de Mobutu, une troupe démotivée, ne se sont jamais vraiment battues et ses principaux chefs ont même négocié leur ralliement.

Avec la fin de la guerre froide, le maréchal Mobutu, à la tête du Zaïre depuis trente-deux ans, a perdu son utilité de rempart contre l'expansion communiste en Afrique. Washington a lâché cet ancien allié depuis longtemps, et Paris, qui a essayé de sauver sa tête, s'est résolue à son départ sous les coups de boutoirs de l'Alliance des forces démocratiques pour la libération (AFDL, rébellion politico-militaire), dirigée par Kabila, dont les parrains sont le Rwanda et l'Ouganda[1].

Ce dernier se trouve encore dans son quartier général de Lubumbashi, à l'est du pays. Trois jours plus tôt, il s'est autoproclamé président, a transformé l'AFDL en organe de gestion du pouvoir et rebaptisé le Zaïre « République démocratique du Congo » (RDC)[2]. Ses troupes ont conquis Kinshasa, il doit maintenant prendre possession de la capitale.

Finalement, les médias sont conviés à l'aéroport de Ndjili en fin d'après-midi. « Il existait une certaine

1. Gérard Prunier, *Africa's World War. Congo, the Rwandan Genocide and the Making of a Continental Catastrophe*, Oxford, Oxford University Press, 2009.

2. David Van Reybrouck, *Congo. Une histoire*, Arles, Actes Sud, 2012.

tension, se souvient Jean-Jacques Arthur Malu-Malu, à l'époque correspondant de Reuters à Kinshasa. Les coups de feu avaient cessé mais les rebelles, dont les *kadogo* ("tout petits", en swahili : les enfants soldats), s'en prenaient aux jeunes filles qu'ils pouvaient fouetter en public si leur tenue vestimentaire ne respectait pas l'ordre moral. Il y avait aussi des soldats rwandais aux quatre coins de la ville. Cela choquait la population qui dénonçait cette présence étrangère. » On craignait que Kabila ne soit qu'un « proconsul » du Rwanda.

À 19 heures, l'avion de Kabila se pose sur le tarmac. Tailleur sombre et large sourire, le « Mzee » (le « vieux » ou encore le « sage » en swahili) sort le premier sur la passerelle, suivi de ses proches. Il a embarqué dans l'après-midi de son fief de Lubumbashi. Au pied de l'appareil, le service du protocole a limité au maximum les invités. Des proches, officiers et jeunes soldats qui ont pris la capitale, trois jours plus tôt, sont venus saluer le chef. Sur la route ramenant le cortège au centre-ville, quelques cris de joie des populations qui voient encore Kabila comme le « libérateur » du pays. Officiellement, le « Mzee » n'est pas revenu dans la capitale depuis le début des années 1960. Personnage qui cultive le secret, il est originaire du Nord-Katanga, a 57 ans, et appartient à l'ethnie Luba. Il a milité dans les mouvements de jeunesse lumumbiste et s'est illustré dans les rébellions qui ont déchiré le pays après l'indépendance. Ses modèles sont Nasser, Nkrumah, Mao ou encore Castro (Che Guevara est venu l'épauler en 1965). Il est tiers-mondiste, révolutionnaire et panafricain. Affairiste avisé aussi qui, depuis son maquis de Hewa Bora dans le Sud-Kivu, a organisé divers trafics.

On l'aperçoit souvent à Dar es Salam ou Kampala, où il possède une villa dans chacune des deux villes. Il est proche du président ougandais Yoweri Museveni qu'il l'aurait présenté à son homologue rwandais, Paul Kagame. Ils deviendront ses deux parrains et l'aideront dans sa conquête du pouvoir. Kabila sort de l'ombre en septembre 1996. Son bras armé sera l'AFDL, un mouvement politico-militaire qu'il fonde avec trois autres opposants rebelles pour chasser Mobutu.

À son arrivée à Kinshasa, Kabila ne se montre pas. Un ancien des services de renseignement assure qu'il a passé sa première nuit au Palais de marbre, résidence officielle de Mobutu. Il s'installe ensuite dans une suite présidentielle de l'*Intercontinental* (actuel *Grand Hôtel*) où se trouvent son quartier général et ses principaux conseillers. Plusieurs de ses compagnons ont emménagé dans les villas cossues des proches de Mobutu, qui ont fui à Brazzaville, sur l'autre rive du fleuve Congo. La nuit, Kabila sort discrètement pour contempler la ville. Pour lui, elle est le symbole de tous les excès et de la corruption, ravagée par plus de trois décennies de règne de Mobutu.

Dans la journée, il tient des réunions à l'*Intercontinental.* Il reçoit les cadres de la diaspora venus proposer leurs services, les hommes d'affaires comme Jean-Claude Masangu, alors patron de City Bank au Congo, à qui il confiera les rênes de la Banque centrale. Ses conseillers le briefent aussi sur la situation économique du pays. La Banque centrale est vide. Selon la légende, Mobutu n'a laissé qu'un billet de 50 francs français dans les coffres de cet établissement public, ultime pied-de-nez d'un dictateur déchu.

L'inflation atteint un record de 750 %. Les productions minières et agricoles sont en chute libre. Dans les ministères, nombre d'archives ont disparu ou ont été brûlées. Tout est à reconstruire. Ses hommes vont aussi débuter, à partir du 20 mai, le travail d'endoctrinement de la population en organisant des séminaires où l'on enseigne l'idéologie et l'histoire. Des comités populaires de quartier sont mis en place. Il faut aussi recomposer la hiérarchie militaire, un exercice délicat où il doit tenir compte de l'avis de ses parrains comme Paul Kagame, et choisir ses ministres alors qu'Étienne Tshisekedi, patron de l'Union pour la démocratie et le progrès social (UDPS), fait monter les enchères et marcher ses militants pour s'opposer à cette prise de pouvoir.

De son quartier général, Kabila téléphone beaucoup, reçoit les mobutistes qui l'ont rallié, les cadres de la diaspora qui espèrent un poste.

Le 22 mai, il nomme un gouvernement restreint de salut public dont certains membres appartiennent à la diaspora congolaise en Amérique comme Mwenze Kongolo. Le « Mzee » a consulté les Américains qui l'ont aidé à prendre le pouvoir. Bill Richardson, ambassadeur des États-Unis à l'ONU et envoyé personnel de Bill Clinton, est passé fin avril à Kinshasa pour signifier à Mobutu que la partie était finie et qu'il devait laisser la place. Mobutu lui a répondu que les Français allaient le protéger.

Jusqu'à son dernier souffle, Foccart s'est en effet démené pour tenter de sauver le président zaïrois au nom du respect dû aux « amis de la France ». Mais la mort de l'ancien secrétaire général de l'Élysée, en mars 1997, va accélérer sa chute. Chirac et son fidèle lieutenant, Villepin, ne se font plus d'illusion, après avoir voulu obtenir du Conseil de sécurité le déploiement d'une force internationale pour empêcher sa conquête du pouvoir.

Mobutu échoue finalement en exil chez le roi Hassan II au Maroc où il s'éteint le 7 septembre 1997. La veille de la chute de Kinshasa, Valery Giscard d'Estaing, l'ancien président français, dira : « Il y a vingt ans, c'est nous qui réglions ses problèmes [en référence, notamment pour le Congo de Mobutu, au saut de la Légion sur Kolwezi en 1978]. Actuellement, tout se passe sans nous, sans même l'évocation de l'Europe et de la France. » Finalement, le « Mzee », après s'être émancipé de la tutelle rwandaise et avoir tourné le dos aux Américains, est assassiné en janvier 2001 par un enfant soldat devenu son garde du corps. Ce dernier est tué peu après, emportant le secret de ses commanditaires. Le fils de Laurent-Désiré Kabila, Joseph, le remplace.

Abdou Diouf doit faire un choix historique à l'issue de la présidentielle

*19 mars 2000**

Dakar, 19 mars 2000. Le matin, accompagné de son épouse et de ses enfants, Abdou Diouf dépose son bulletin dans l'urne de son bureau de vote, situé dans une salle de classe de l'école Berthe-Maubert de Dakar, puis se retranche dans ses appartements de la présidence. Arrivé en tête du premier tour de la présidentielle de février, le président sénégalais craint d'être distancé au second tour par Abdoulaye Wade, leader de la coalition Sopi.

* Ce récit est fondé en premier lieu sur le témoignage du général Lamine Cissé, ancien chef de l'armée sénégalaise et ministre de l'Intérieur. Cette enquête a été complétée et recoupée par des sources diplomatiques, ainsi que par des missions de terrain au Sénégal. Voir Lamine Cissé (général), *Carnets secrets d'une alternance : un soldat au cœur de la démocratie*, Paris, Gideppe, 2001.

L'ambiance est électrique après une campagne passionnelle. Pendant l'entre-deux-tours, les diplomates français font passer plusieurs messages afin que Diouf et sa famille acceptent la défaite qui se profile. La France souhaite éviter que le Sénégal, fidèle allié depuis l'indépendance, hébergeant une base militaire, bascule dans la violence. Craignant des troubles, l'ambassadeur français, Jean de Gliniasty, a fait diffuser des messages à ses compatriotes, grâce à l'antenne locale de Radio Nostalgie, pour donner les points de regroupement.

À Dakar, le ministre de l'Intérieur, le général Lamine Cissé, en charge d'organiser le scrutin est sous pression. Le président Diouf, en le nommant ministre de l'Intérieur en 1998, lui a confié deux missions : organiser un cycle d'élections « libres, transparentes et régulières » et assurer la propreté de la ville de Dakar en proie à l'incivisme de ses habitants. Mais, à l'approche du scrutin, il fait l'objet d'attaques, notamment de l'opposition qui le soupçonne de compromission avec le pouvoir. Si un camp tente de passer en force, la rue ne tarde pas à s'embraser.

À 23 h 40, ce dimanche, le général Cissé décroche son téléphone blanc, une ligne directe sécurisée qui relie le président à certains de ses ministres (Intérieur, Affaires étrangères, Forces armées). Il appelle le président Diouf. C'est son cinquième coup de fil au chef de l'État depuis le début de la soirée. Il le tient informé en temps réel des résultats que ses équipes collectent dans les bureaux témoins du pays. Cette fois, il doit lui annoncer que la partie est perdue. « La situation est difficile pour vous et pour votre parti », commence le ministre de l'Intérieur avant de lui égrener la liste des bastions perdus et son retard sur son adversaire, plus de quinze points. À l'autre bout du fil, Diouf accuse le coup, comme un boxeur sonné après un long round.

En début de soirée, plusieurs caciques socialistes sont passés le voir pour lui suggérer de passer en force. Il a congédié tout le monde. Il se trouve seul face à lui-même et à sa longue carrière politique. Touché dans son amour-propre et sa fierté, cet homme réservé se sent trahi par les cadres de sa formation, le Parti socialiste sénégalais. Ces derniers lui promettaient de larges victoires dans leurs bastions respectifs. Après quarante ans de pouvoir socialiste, dont vingt où il a dirigé le pays, Diouf a pourtant hésité à se représenter – la France lui a conseillé de ne pas le faire. Il s'est finalement laissé convaincre par des cadres de son parti comme Ousmane Tanor Dieng, Daouda Sow et Robert Sagna, de crainte de voir exploser le parti. Le publicitaire français Jacques Séguéla lui a prodigué ses conseils et concocté son slogan : « Ensemble, changeons le Sénégal. » En chemin, le président a perdu deux fidèles, Moustapha

Niasse, un ancien socialiste parti rejoindre Me Wade, et Djibo Kâ, qui a monté sa propre écurie, l'URD. Arrivé en tête au premier tour avec 41 % des suffrages, il a renoué avec Kâ qui le soutient. En début de soirée, il croit toujours pouvoir l'emporter.

L'entretien téléphonique dure vingt minutes. Lorsque Cissé raccroche, Diouf semble avoir accepté sa défaite. Un ami du président, l'ancien Premier ministre Habib Thiam, a aussi été chargé de la lui faire admettre. Mais le général est toujours inquiet. Entre 2 et 4 heures du matin, il le rappellera deux autres fois pour le convaincre de faire une déclaration publique.

Dans la villa de Wade, au point E à Dakar, l'ambiance est tout autre. Informés des résultats par la radio, les militants ont envahi la rue et clament des « Sopi, Sopi ». Aux côtés du challenger, son épouse Viviane, une riche Franc-Comtoise, et leur fils, Karim, banquier à la City. Alain Madelin, le président de Démocratie libérale, est venu le soutenir ainsi que Pierre Aïm, l'homme d'affaires français, compagnon des bons et des mauvais jours. Fatigué, ému, le challenger reste pourtant sur ses gardes. Il se méfie de Diouf.

Le lendemain, le chef de l'État se réveille tôt. Il ne peut joindre une première fois son adversaire et reçoit ses collaborateurs, Bruno Diatta, chef du protocole, Ousmane Tanor Dieng, cacique du parti, cheikh Tidiane Dièye, conseiller à la communication. Il fait ensuite rappeler Wade plusieurs fois et finit par le joindre, le félicite, lui souhaite plein de succès pour lui et le pays, et se met à sa disposition pour une rencontre en vue de la prestation de serment et de la passation de service. Francis Kpatindé, l'envoyé spécial de *Jeune Afrique*, se trouve au domicile de Wade avec lequel il discute quand son factotum vient l'informer d'un appel urgent. Wade sort alors de la pièce pour aller s'isoler dans son bureau avec Abdoulaye Bathily, un proche allié.

À son retour, Francis Kpatindé l'interroge : « Que se passe-t-il ? » Réponse de l'intéressé : « C'était Diouf. Il vient de me dire que j'ai gagné. » « Félicitations, Monsieur le Président ! » lui déclare le journaliste. « Pas si vite. Avec Diouf, il faut s'attendre à tout », lui rétorque celui qui ne veut pas encore y croire. Wade, qui se présente pour la cinquième fois à la magistrature suprême (dont trois défaites contre Diouf), n'a foulé le sol sénégalais que le 20 octobre, venu par un Falcon de location, et a dépensé peu d'argent dans la campagne. Son retour a été difficile. À son arrivée à Dakar, des instructions ont été données pour qu'il soit privé du salon d'honneur. La télévision nationale n'a pas montré une seule image. Il y a pourtant un million de personnes dans la rue.

Mais l'heure n'est plus à la nostalgie. Juste après son coup de fil, Diouf a fait envoyer une déclaration aux journaux, reconnaissant sa défaite, sans attendre la proclamation des résultats officiels, prévue le vendredi.

La transition sera exemplaire. Afin de préparer la prestation de serment, Diouf recevra Wade avant de l'accueillir, une fois investi, pour lui faire visiter le palais présidentiel et lui présenter le personnel. Il quittera ensuite les lieux avec sa famille. Certains ont rapporté – pour se venger ? – que Viviane Wade, une fois Adbou Diouf parti du palais, aurait déclaré : « Désormais, nous n'aurons plus de problème d'argent ! »

Dans ses *Mémoires*[1], Diouf assure avoir compris très tôt qu'il avait perdu. Selon lui, Jacques Chirac, Lionel Jospin et Mouammar Kadhafi l'ont appelé pour lui manifester leur sympathie. Le premier lui proposera, plus tard, le poste de secrétaire général de la Francophonie, qu'il finira par accepter. Quant au dirigeant libyen, il lui suggérera de devenir un guide, comme lui, pour l'Afrique. Une fois la défaite concédée, le président Chirac rappellera son ami Diouf pour le féliciter de sa sage décision. Au Parti socialiste français, Hollande, alors premier secrétaire, se résoudra à cette défaite historique d'un membre de l'Internationale socialiste. Venu lui montrer le communiqué du PS, un de ses collaborateurs sera toute-

1. Abdou Diouf, *Mémoires*, Paris, Seuil, 2014.

fois étonné qu'il demande de biffer l'appartenance de Diouf à la famille socialiste. L'histoire retiendra surtout qu'en reconnaissant sa défaite et en acceptant l'alternance, l'ancien président a laissé le plus bel héritage au Sénégal. Il jouit encore aujourd'hui de cette image de vrai démocrate, même si Wade considère qu'il a fallu lui « arracher les libertés, les unes après les autres ».

« Noël à Abidjan »

*27 décembre 2007**

À Noël, quand les Abidjanais se préparent à célébrer la naissance de Jésus de Nazareth, d'autres rêvent de renverser le président Laurent Gbagbo et le nouveau Premier ministre Guillaume Soro. Le 27 décembre 2007, un « photoreporter indépendant » français, Jean-Paul Ney, est arrêté par la gendarmerie ivoirienne non loin du siège de la Radiodiffusion-télévision ivoirienne (RTI) avec son chauffeur en possession de près de quatorze heures de film retraçant les préparatifs d'un coup d'État. Journaliste dont les méthodes sont sujettes à controverses, Ney est alors également secrétaire général du Centre international

* Cette enquête est fondée sur le témoignage de Jean-François Cazé. Elle a été recoupée par des entretiens avec des diplomates et les principaux protagonistes de l'affaire. Elle a enfin été complétée par des enquêtes de terrain en Côte d'Ivoire.

de recherches et d'études sur le terrorisme et l'aide aux victimes (Ciret-AVT), fondé avec Yves Bonnet, l'ancien directeur de la Direction de la surveillance du territoire (DST) française. Avec cet ex-ponte du renseignement et Daniel Martin, ancien commissaire divisionnaire et chef du Département des systèmes d'information (DSI) à la DST, il anime aussi le site d'intelligence et de veille stratégique Intelink.

Le complot, ourdi par le rebelle Ibrahim Coulibaly, dit « IB », est dénoncé le lendemain par les hommes des Forces nouvelles (FN). Leur chef, l'ex-rebelle Guillaume Soro, occupe le poste de Premier ministre depuis avril 2007 à la suite de la signature de l'Accord politique de Ouagadougou (APO) avec Gbagbo. Les proches de Soro diffusent même sur YouTube des extraits des films de Ney sur la préparation du coup d'État qui doit se dérouler simultanément à Abidjan contre le régime du président Gbagbo et à Bouaké contre les chefs des Forces nouvelles. Les vedettes en sont le sergent-chef Ibrahim Coulibaly, en rupture de ban avec les Forces nouvelles, et en exil depuis sept ans, Jean-Paul Ney, et un obscur expert militaire du nom de Jean-François Cazé, *alias* « Boris ». Ce dernier se présente comme un membre des services secrets français, ce que démentira formellement Paris. IB n'est pas un inconnu : il a réalisé le coup d'État de décembre 1999 qui a renversé le régime du président Henri Konan Bédié

(HKB), puis perpétré deux tentatives de coup de force contre Laurent Gbagbo, en 2001 et 2002, et une autre contre Guillaume Soro en 2004, qui l'a alors évincé de la rébellion.

Séquence après séquence, les unes tournées Paris, les autres à Cotonou et Abidjan, les extraits de film montrent, pendant un peu plus de deux heures, IB et ses acolytes en train de préparer leur putsch baptisé du nom de code « Noël à Abidjan ». On y voit notamment IB, cerveau présumé de l'opération, déclarer, alors qu'il suit à Cotonou un discours télévisé de Laurent Gbagbo qu'il a capté par satellite : « Ça, c'est son dernier discours. » « Il faut en finir avec Gbagbo. » Puis dire qu'il faut « buter » des chefs rebelles proches de Guillaume Soro.

Pour préparer son coup, IB s'appuie sur « Boris ». Cet informaticien français, à la tête d'une petite société d'intelligence économique, ne serait autre que le « stratège » blanc de l'opération. Mais la visualisation des extraits laisse plutôt songer à une entreprise de pieds nickelés.

31 juillet 2008, quartier Sablons à Neuilly. Deux journalistes de *Jeune Afrique* sortent de la bouche de métro et appellent au téléphone leur mystérieux rendez-vous. Cazé, le soi-disant barbouze français, décroche et demande aux journalistes de prendre la rue d'Orléans. Après un deuxième coup de fil, il les retrouve place Winston-Churchill et les entraîne à

la brasserie du *Winston*. Vêtu d'un short beige, d'un polo rouge Lacoste et de lunettes noires, Cazé tire frénétiquement sur une cigarette. Nerveux, il balaie régulièrement les environs du regard. Pour impressionner ses interlocuteurs, il n'hésite pas à plonger sa main dans son sac à dos et dévoiler une arme de poing à la large crosse grise. Une mise en scène grossière, qui a valeur d'avertissement, avant de se lancer : « Je suis rentré en France fin janvier après une longue cavale qui m'a mené de Côte d'Ivoire au Ghana, puis au Togo où j'ai pris un vol à destination de la France. Les rebelles de Guillaume Soro étaient à mes trousses. »

À Abidjan, le pouvoir ivoirien a lancé le 8 janvier 2008 une information judiciaire contre IB et plusieurs de ses proches, des cadres ivoiriens et représentants politiques et militaires. Le 17 janvier, la justice ivoirienne inculpe et écroue huit Ouest-Africains et deux Français, dont Jean-Paul Ney et Didier Torella, qui a accueilli le journaliste français et Jean-François Cazé à l'aéroport avant de les déposer à leur résidence de location. Ils sont tous accusés « d'attentat et de complot contre l'autorité de l'État » après une enquête de la Direction de surveillance du territoire (DST, le contre-espionnage ivoirien).

Embarras au Quai d'Orsay et à l'Élysée qui demandent au consul français à Abidjan d'assurer la liaison avec les deux détenus incarcérés à la Maison d'arrêt et de correction d'Abidjan (Maca). Cazé, lui, réussit à prendre la poudre d'escampette au terme d'un périple qui n'a, à ses dires, rien à envier aux meilleurs romans de *SAS*. Le problème est que, dans les mois qui suivent, il n'hésite pas à répondre aux sollicitations des journalistes qui retrouvent sa trace. Il commence à se défendre en tentant de faire croire qu'il préparait un « contre-coup d'État ». IB et lui étaient censés réagir à une tentative de putsch menée par Mathias Doué, l'ex-chef d'état-major de l'armée, en exil. Une thèse guère convaincante. Quelques semaines plus tard, il change de version. Cette fois, il affirme avoir préparé un putsch et dénonce même les commanditaires : des personnalités de l'armée française, des services secrets et de l'Élysée. Dans son collimateur : Alain Juillet, ancien directeur du renseignement à la Direction générale de la sécurité extérieure (DGSE) et haut responsable chargé de l'intelligence économique au sein du Secrétariat général de la défense nationale (SGDN) qu'il dit rencontrer à l'École militaire, le lieutenant-colonel Daniel Rich, représentant de la Direction du renseignement militaire (DRM, ministère de la Défense) au groupe de travail du SGDN, et Claude Guéant, alors tout-puissant secrétaire général de l'Élysée, qui a la haute main sur les Affaires africaines. Cazé prétend même – info ou intox ? – l'avoir rencontré et participé à une rencontre à la cellule Afrique du « Château », au 2, rue de l'Élysée.

L'affaire devient de plus en plus embarrassante pour le pouvoir d'autant que plusieurs journalistes enquêtent sur le sujet. À commencer par Jean-Paul Billault, un des rédacteurs en chef de l'agence Capa, et son confrère Emmanuel Razavi, journaliste-réalisateur de documentaire. Capa était en contact avec Ney avant son départ et devait récupérer ses images pour en faire un document exclusif. Mais les deux hommes ne font pas confiance au journaliste français qu'ils soupçonnent d'affabuler.

« Nous n'avons pas encore tous les éléments du puzzle, a reconnu Jean-Paul Billault dans un documentaire de Capa sorti en 2009[1]. Mais ce dont nous sommes sûrs, c'est que toute cette affaire est une succession de manipulations. » Dans quel but ? Nuire aux relations franco-ivoiriennes ? Empêcher le rapprochement entre Laurent Gbagbo et Guillaume Soro, le Premier ministre issu de la rébellion ? Affaiblir le président Sarkozy ?

Dans cette partie de poker menteur, Cazé a joué avec les journalistes. « J'ai été mis en relation avec IB en avril 2007 *via* des émissaires appartenant à la diaspora ivoirienne, assure-t-il aux journalistes de

1. Jean-Paul Billault, Emmanuel Ravazi, *Manipulations sous haute tension*, film documentaire français (109 mn), 2009.

Jeune Afrique. Je me suis renseigné sur lui. C'est un chien capable de coup. Nous avons communiqué au téléphone près de deux fois par jour pendant six mois avant que je n'aille le rencontrer début septembre 2007 à Cotonou dans un hôtel de la ville. J'y suis resté trois semaines, j'ai rencontré les proches d'IB et mis au point les préparatifs du coup d'État mais, à l'origine, on devait préparer son retour en politique en Côte d'Ivoire pour qu'il se présente à la présidentielle. »

Cazé et Ney ont, quant à eux, été mis en relation par Silvain Maier, un avocat français à la réputation entachée par plusieurs mises en examen et contrôles fiscaux. Le fils de Maier est un ami personnel de Ney. Et la robe noire parisienne a été l'ami de Gbagbo durant son exil en France avant de devenir l'un des défenseurs de la Côte d'Ivoire quand il accède au pouvoir en 2000. Gbagbo lui permet de s'installer dans un hôtel particulier au 18, rue Léonard-de-Vinci, dans le 16e arrondissement de Paris, propriété de l'État ivoirien. Sa relation avec le chef d'État africain va se détériorer quand la Côte d'Ivoire cherchera à récupérer son bien immobilier.

À Paris, les déclarations de Cazé et celles de Ney, incarcéré à la maison d'arrêt et de correction d'Abidjan, mais qui parle depuis sa cellule aux journalistes français, commencent à agacer. Le ministère de la Défense, alors dirigée par Hervé Morin, a même ordonné une enquête de la Direction de la protection et de la sécurité de la défense (DPSD). Ce service de renseignement de l'hôtel de Brienne confie à plusieurs de ses agents le soin de recouper les informations pour connaître les tenants et les aboutissants d'une affaire qui nuit aux relations entre Paris et Abidjan à l'heure où Nicolas Sarkozy cherche à renouer le fil avec Laurent Gbagbo. La libération de Jean-Paul Ney sera organisée dans le plus grand secret entre Paris et Abidjan et sera concrétisée à la faveur d'une visite d'Alain Joyandet, alors ministre de la Coopération et de la Francophonie, dans la métropole ivoirienne en mai 2009.

Huit ans après la révélation de cette affaire, les principaux protagonistes sont toujours en activité. L'instruction ivoirienne n'a jamais abouti. Ney, de retour en France, enseigne dans une école de journalisme. Cazé, après une période de dépression, vit à une centaine de kilomètres de Paris et prétend encore travailler sur les affaires africaines. L'avocat Sylvain Maier exerce toujours. « Le président Laurent Gbagbo et son épouse, Simone, m'ont demandé de faire, en Suisse, des choses que j'ai refusées. Ce n'était pas seulement de l'évasion fiscale, mais de la fraude pure. On n'a pas fait affaire », a-t-il confié récemment aux journalistes du *Monde Afrique* qui lui demandaient l'origine de sa brouille avec Gbagbo. « Il m'est arrivé de prêter mon bureau, se défend l'avocat. Et puis je m'en fous, je ne sais pas ce que coup d'État veut dire », a-t-il lâché en fin d'entretien.

Quant à IB, le cerveau du putsch, il a emporté ses secrets à son exécution. L'ex-sergent-chef de l'armée a réapparu en janvier 2010 à Abidjan à la faveur de la crise postélectorale ivoirienne. Il était le chef du « commando invisible », un mystérieux groupe armé de cinq cents hommes opposé aux forces fidèles à Laurent Gbagbo et qui avait pris le contrôle du quartier d'Abobo, dans le nord d'Abidjan. Revendiquant sa part dans la chute du président sortant, il a demandé ensuite, sans succès, à rencontrer Alassane Ouattara. Selon l'entourage d'IB, Guillaume Soro a mis son veto. Le 27 avril 2011 au matin, les commandants des Forces nouvelles (FN, pro-Soro), Morou Ouattara, Hervé Touré « Vetcho » et Chérif Ousmane ont rapidement pris le contrôle d'Abobo et réussi à l'encercler dans une résidence à la lisière de la commune d'Anyama. « Je suis très préoccupé et occupé, je vous rappelle dans quelques minutes », a-t-il confié à un journaliste deux heures avant sa mort. Il avait demandé la protection des soldats de l'ONU. Une escorte onusienne était même en route quand le camp Soro lui a demandé de rebrousser chemin. « Il s'est rendu, puis ils l'ont ligoté et torturé pour lui extorquer des aveux avant de l'exécuter sommairement », a indiqué un membre de sa famille. Qui l'a fait revenir en Côte d'Ivoire ? Qui le finançait ? IB mort, c'est une partie des secrets des derniers putschs de Côte d'Ivoire qui se sont envolés avec lui.

Ben Ali est poussé à l'exil

*14 janvier 2011**

Quand le président Zine el-Abidine Ben Ali se lève, ce 14 janvier 2011, il s'attend à une nouvelle journée difficile. La veille au soir, il a joué son va-tout. Dans une troisième allocution télévisée, il a demandé à ses concitoyens de lui laisser six mois pour entreprendre des réformes et s'est engagé à quitter le pouvoir sans briguer un sixième mandat. Son discours, prononcé en arabe dialectal, vise à toucher le cœur des Tunisiens. À plusieurs reprises, il leur répète : « Je vous ai compris. »

---

* Ce récit est fondé sur un entretien avec l'avocat du chef de l'État déchu, des témoignages oraux d'un haut responsable du ministère de la Défense tunisien et d'un journaliste du pays qui a retracé tous les événements. Des « câbles WikiLeaks », qui jouent ici un rôle dans la situation politique, ont offert un cadrage archivistique complémentaire. Cette recherche a été complétée par des enquêtes en Tunisie.

Marouane Mabrouk, son gendre et patron d'une société de télécoms, a demandé à des amis de préparer les éléments de langage. Mais le peuple n'a que faire de promesses formulées après vingt-trois années de règne.

Depuis l'immolation, le 17 décembre 2010, de Mohamed Bouazizi, un marchand de fruits et légumes de Sidi Bouzid, au centre du pays, les Tunisiens ont lancé un vaste mouvement de contestation sociale rallié par les syndicats et l'opposition politique. Le président Ben Ali, dont l'autorité n'a jamais été remise en cause à ce point, a réagi par deux premiers discours musclés, qui n'ont fait qu'attiser la révolte.

En début de matinée, le général Ali Seriati, directeur de la sécurité présidentielle, est reçu par Ben Ali au palais de Carthage. Les nouvelles de ses unités et celles de la police sont inquiétantes. Sur l'avenue Bourguiba, des dizaines de milliers de Tunisiens se rassemblent pour réclamer le départ du président. Seriati présente un plan d'évacuation du chef de l'État et de sa famille, dont une partie est repliée au palais de Sidi Dhrif, à Sidi Bou Saïd.

Vers 13 heures, Seriati appelle le président pour lui dire que la manifestation dégénère. Les villas de sa belle-famille, les Trabelsi, figurent parmi les cibles des manifestants qui sont aussi déployés autour du ministère de l'Intérieur. Deux heures plus tard, Ben Ali prend les dispositions pour instaurer la loi martiale[1]. « Ce n'est plus notre affaire, c'est celle de l'armée », confie-t-il à Seriati. Et de demander au général Rachid Ammar, chef d'état-major de l'armée de terre, de se rendre au ministère de l'Intérieur pour y prendre la conduite des opérations de maintien de l'ordre. Le président a aussi décidé de mettre en sécurité sa famille à Djeddah, en Arabie Saoudite. « Il était très proche du prince héritier Nayef qu'il a beaucoup fréquenté quand les deux hommes assuraient la fonction de ministre de l'Intérieur, indique un haut responsable tunisien. Il a dû lui téléphoner personnellement pour lui demander d'accueillir sa famille. » Le chef de l'État comptait, quant à lui, rester en Tunisie.

Des préparatifs étaient en cours, depuis la veille, pour qu'il pilote les opérations depuis une résidence officielle discrète, à une quarantaine de kilomètres au nord de Tunis. Mais Seriati dit ne plus être en mesure d'assurer sa sécurité. Il confie au président qu'un hélicoptère se dirige vers le palais et que deux frégates de la garde nationale s'apprêtent à leur tirer dessus. « Le directeur de la sécurité présidentielle lui a aussi assuré, un peu

1. Abdelaziz Ben Hassouna, « Tunisie : la véritable histoire du 14 janvier 2011 », *Jeune Afrique*, 25 janvier 2012.

plus tôt, qu'un membre de la sécurité rapprochée était chargé de le tuer. Une information qu'il disait tenir de services étrangers », explique Me Akram Azouri, avocat libanais de Ben Ali.

Devant la tournure prise par les événements, l'ordre est donné de partir pour l'aéroport militaire. Arrivé sur place, le chef de l'État et ses proches apprennent que des mutins de la police et de la garde nationale sont à l'aéroport civil. Le temps presse. Le directeur de la sécurité présidentielle finit par convaincre le chef de l'État de partir avec sa famille. Avant de s'envoler, Ben Ali lui demande de rester. Seriati se fera arrêter, peu après, sur ordre du ministre de la Défense, Ridha Grira, qui pense qu'il est en train de comploter. Gardé au salon d'honneur de l'aéroport, Seriati suivra la cérémonie de transition à la télévision. S'adressant à ses compatriotes, le Premier ministre, Mohamed Ghannouchi, invoque l'article 56 de la Loi fondamentale pour assurer l'intérim. Ben Ali ne retournera pas dans son pays. Peu après son arrivée à Djeddah, le pilote de l'Airbus présidentiel redécollera, contrairement aux instructions du président qui compte revenir dès le lendemain matin. Pour son avocat, le président Ben Ali, toujours en exil en Arabie Saoudite, a été victime d'un coup d'État. Sans le nommer précisément, Me Azouri pointe du doigt le général Seriati qui aurait désinformé le président. Dans son ouvrage *Ma vérité*, Leïla Ben Ali incrimine aussi des « puissances étrangères » et l'armée tunisienne.

« La Tunisie fut la première étape de la mise en œuvre du plan de nouvel ordre mondial au Moyen-Orient théorisé par les Américains tel qu'annoncé par l'ex-secrétaire d'État, Condoleezza Rice, indique Me Azouri précisant qu'il s'agit d'un point de vue personnel ne reposant pas sur des informations de son client. Ce projet consistait à ne plus soutenir les pays qualifiés de "dictature", voire de les déstabiliser. Après la Tunisie, les États-Unis ont mis le plan en œuvre en Égypte, en Libye, au Yémen et en Syrie. On en voit aujourd'hui les résultats. »

Aucune preuve formelle n'atteste d'un complot américain. Mais la révolte tunisienne est intervenue après la divulgation de câbles WikiLeaks de diplomates américains sur la richesse du clan Ben Ali, notamment de sa belle-famille. « À l'époque, nous n'avons pas su lire les signes, reconnaît un ancien ministre de Ben Ali. À mon avis, ce n'était pas fortuit. » Pendant la crise, les diplomates de Washington se sont bornés à demander une transition pacifique et d'éviter que coule un bain de sang. Des messages qu'ils ont fait passer à certains responsables de l'armée et à des hommes politiques. Les Américains ont nié toute implication dans le départ précipité du président mais ont « salué la révolte du peuple tunisien[1] ».

À Tunis, beaucoup pensent que le général Rachid Amar bénéficiait du soutien de Washington pour ne pas faire tirer sur la foule. Et puis, l'ambassadeur américain, qui avait reçu le renfort des Marines, était aux premières loges. « Sa résidence est à deux pas du palais de Carthage, confie un journaliste tunisien. Les Américains étaient au balcon de la présidence et ont suivi le départ de Ben Ali en direct. Ils avaient aussi des contacts à l'aéroport militaire où il y avait une tension énorme entre les forces paramilitaires et militaires présentes. » Nombre d'officiers tunisiens, entre autres ceux de l'armée de l'air, ont fait leur formation outre-Atlantique.

La France, quant à elle, n'a rien vu venir ou n'a pas voulu croire à la transition. Trois jours avant la chute de Ben Ali, Michèle Alliot-Marie propose le savoir-faire français pour régler la situation sécuritaire tunisienne. Henri Guaino avouera plus tard : « On a raté la révolution[2]. » Pour Jean-

1. Pierre Puchot, *La Révolution confisquée. Enquête sur la transition démocratique en Tunisie*, Paris-Tunis, Actes Sud/Sindbad, 2012.

2. Lénaïg Bredoux, Mathieu Magnaudeix, *Tunis Connection. Enquête sur les réseaux franco-tunisiens sous Ben Ali*, Paris, Seuil, 2012.

Pierre Raffarin, la complaisance au régime était théorisée au plus haut niveau. À Tunis, l'ambassadeur de France, Pierre Ménat, n'a pas bien évalué la situation. C'est du moins ce que rapporte la presse et certains officiels français, après coup. La veille et le matin du 14 janvier, il aurait soutenu que, malgré les difficultés, le régime pouvait tenir. « L'ambassade de France a rendu compte jour après jour de l'amplification de la révolte, procédant tous les deux ou trois jours à des synthèses de plus en plus alarmistes », explique Ménat dans son ouvrage en révélant en substance le contenu de son dernier télégramme diplomatique dans lequel il disait que Ben Ali avait joué sa dernière carte lors du discours du 13 janvier au soir[1]. En fait, ce livre dresse surtout le peu d'intérêt que l'État français, à l'époque, porte à la réalité de la situation politique en Tunisie. À Paris, l'implosion lente du régime ne préoccupe pas vraiment l'Élysée, Matignon ou le Quai d'Orsay. Sarkozy ne s'est jamais entretenu avec son ambassadeur en poste, ni avant, ni pendant, ni après sa mission. Les proches du président n'ont aussi qu'une attention limitée pour un régime jugé de plus en plus infréquentable. La coopération avec la France

1. Pierre Ménat, *Un ambassadeur dans la révolution tunisienne*, Paris, L'Harmattan/Pepper, 2015.

bat de l'aile en matière de défense. Pire, la DGSE se plaint de ne recevoir aucune information de la part des services tunisiens. Quant au Medef et au ministère de l'Économie et des Finances, ils dénoncent l'environnement des affaires, le népotisme et la corruption. Bref, la réalité tunisienne n'est plus dans le radar français et l'ambassadeur n'a pas toutes les informations sur les activités de Ben Ali.

Quand ce dernier embarque dans son avion le soir, personne ne sait à Paris où il va atterrir. D'où les appels paniqués d'officiels, durant les premières minutes de vol, aux proches de Ben Ali comme Kamel Morjane, ministre des Affaires étrangères, pour connaître sa destination. À l'Élysée, beaucoup redoutent qu'il ne choisisse la France. Impensable alors qu'une communauté de six cent mille Tunisiens résident sur le sol national. Le 27 février au soir, Nicolas Sarkozy annonce un remaniement gouvernemental. Alain Juppé est nommé au Quai d'Orsay et remplacé à la Défense par Gérard Longuet. Claude Guéant passe de l'Élysée à l'Intérieur. « Ces révolutions arabes ouvrent une nouvelle ère dans nos relations avec ces pays dont nous sommes si proches par l'histoire et la géographie… C'est pourquoi, avec le Premier ministre, nous avons décidé de réorganiser les ministères qui concernent notre diplomatie et notre sécurité », justifie-t-il. À Tunis, un « Sarko boy », Boris Boillon, succède à l'ambassadeur Ménat. Le courant ne passe pas avec les journalistes et la société civile. Paris ratera aussi la transition en 2011.

La chute de Laurent Gbagbo

*11 avril 2011**

Quartier de Cocody à Abidjan, lundi 11 avril 2011. Dans sa villa qui donne sur la lagune Ébrié, l'ambassadeur de France en Côte d'Ivoire, Jean-Marc Simon, n'a pas fermé l'œil de la nuit. Son voisin non plus. Laurent Gbagbo, le président sortant, habite de l'autre côté de la rue du Bélier. Il s'est replié dans les étages inférieurs de la résidence présidentielle, alors que les hélicoptères Gazelle et Puma de l'armée française pilonnent, depuis la veille, les derniers soldats et miliciens qui lui sont restés fidèles[1].

---

* Ce récit a été établi à partir de nombreux témoignages de diplomates français, onusiens, de responsables militaires et de partisans des présidents Gbagbo et Ouattara. Cette recherche a été complétée par des enquêtes en Côte d'Ivoire, avant, pendant et après la crise dite « post-électorale ».

1. Jean-Christophe Notin, *Le Crocodile et le Scorpion*, Paris, Éditions du Rocher, 2013.

Dorénavant, ses heures sont comptées. À 4 heures du matin, Simon décroche son combiné téléphonique. Il appelle Jean-David Levitte, conseiller diplomatique du président français. « Si on ne donne pas un dernier coup de pouce, ils n'y arriveront pas ! » lui confie le diplomate. Cela fait plusieurs jours que les Forces républicaines de Côte d'Ivoire (FRCI, composées majoritairement d'ex-rebelles pro-Ouattara) tentent de prendre Cocody. La veille, vers 22 heures, elles ont tenté – en vain – une énième immixtion dans le périmètre résidentiel. À chaque assaut, elles essuient de lourdes pertes.

Le conflit post-électoral a débuté à l'issue du second tour de la présidentielle de novembre 2010 où les Ivoiriens espéraient tourner la page d'une longue crise politique qui a vu les héritiers du père de l'indépendance, Félix Houphouët-Boigny, s'affronter depuis son décès en décembre 1993. Mais le président sortant, Laurent Gbagbo, refuse le verdict de la Commission électorale indépendante (CEI), qui a proclamé Alassane Ouattara vainqueur, et en appelle au Conseil constitutionnel pour conserver son trône en arguant de lourdes fraudes du camp adverse. La France du président Sarkozy va alors jouer un rôle déterminant.

Comme le Tchadien Idriss Déby à N'Djaména en février 2008, Gbagbo a replié ses unités d'élite à Abidjan. Ses officiers comptent y attirer leurs adversaires, qui connaissent mal la ville, pour mieux les frapper. À Paris, l'Élysée donne alors l'ordre de déclencher l'opération terrestre. L'amiral Édouard Guillaud, chef d'état-major des armées, a obtenu l'accord de Nicolas Sarkozy deux jours avant, tout en lui confiant les risques de pertes sérieuses. Cependant, il faut en finir. Gbagbo, résistant assiégé, gagne des sympathies.

À 4 h 45, les militaires français sortent de leur camp de Port-Bouët. En tête, les chars Sagaie. Ils vont prendre rapidement les points stratégiques à proximité de Cocody. Puis, ils vont ouvrir la voie aux FRCI qui les ont rejoints, allant jusqu'à détruire le portail de la résidence. À l'intérieur, Gbagbo a compris que l'épilogue était proche. Sa bibliothèque brûle, des nuages de fumée se répandent dans les pièces. Son secrétaire général, Désiré Tagro, téléphone alors à Simon. « Prenez un tissu blanc et sortez ! » lui intime l'ambassadeur. Dix minutes plus tard, il rappelle : « On m'a tiré dessus ! » Coup de fil de Simon à Guillaume Soro, le Premier ministre et ancien chef de la rébellion, pour lui demander que les FRCI cessent leurs tirs.

Assuré de leur reddition, les ex-rebelles Hervé Touré, dit « Vetcho », et Zacharia Koné pénètrent alors à l'intérieur du bâtiment pour cueillir les fidèles du régime. « Où est Gbagbo ? Où est Gbagbo ? » crient-ils. Ce dernier se lève : « Je suis là ! » Muni d'un gilet pare-balles, Gbagbo sort au bras de Vetcho, sous l'œil des caméras de l'armée française et de ses soldats restés au pied du portail. « Il le faut vivant ! » ont martelé de concert Guillaume Soro, Alassane Ouattara, le général Jean-Pierre Palasset, patron de Licorne, et Jean-Marc Simon durant toute l'opération. Il est 11 heures et l'ambassadeur avise aussitôt Ouattara, reclus au *Golf Hôtel* depuis quatre mois, sous escorte onusienne : « C'est fait ! » Réponse du nouveau président : « Oui, je sais ! Il est déjà dans mon antichambre. »

Entre la résidence et l'hôtel, il y a moins de cinq minutes. Les FRCI ont roulé à tombeau ouvert dans une ville morte avec leur passager. Désiré Tagro n'a pas eu la chance de Laurent Gbagbo. Blessé par un tir à la mâchoire, il est évacué mais décédera le lendemain des suites d'une anesthésie mal supportée à l'hôpital de la Pisam. Qui a voulu le supprimer ? « Les forces spéciales burkinabé n'y sont pas pour rien, suggère un témoin de l'époque. Tagro a mené toutes les négociations avec Blaise Compaoré (l'ex-président burkinabé, soutien d'Ouattara). Il en savait trop ! » Parmi les cent quatre autres rescapés du camp Gbagbo, plusieurs adultes se font tabasser, certains reçoivent des coups de couteau de la part des ex-rebelles. Ces derniers s'adonnent aussi à un pillage en règle, forçant les coffres dans une ambiance de fête où l'on boit du champagne dans des coupes en cristal. Heureusement, les militaires français ont évité que ces soldats déchaînés ne commettent trop de représailles. Dans la soirée, des éléments de la DGSE vont fouiller les archives de la résidence.

« Quand Gbagbo s'est fait introniser président, le 4 décembre, la France a arrêté tout dialogue, se rappelle un diplomate à Paris. On lui a fait passer, *via* l'attaché de Défense ivoirien à Paris, une dernière proposition. Il devait quitter le pays sans reconnaître les résultats et se représenter, cinq ans plus tard, comme le Béninois Mathieu Kérékou au Bénin. » La veille au soir, l'ambassadeur Simon lui a même promis le soutien de la France pour obtenir une très haute fonction dans une organisation internationale s'il se retire. Sarkozy l'appellera même un peu plus tard pour lui réitérer cette proposition. Et Hillary Clinton lui promettra une chaire dans une université américaine. Mais c'était mal connaître l'entêtement de Gbagbo. Et quand bien même il aurait voulu abdiquer, les durs de son régime, comme sa femme Simone, l'en auraient dissuadé.

« La France est entrée dans une logique néoconservatrice, voire messianique, se rappelle le diplomate. Ouattara était le bien, Gbagbo le mal. » Au Quai d'Orsay, Michèle Alliot-Marie commence à gérer la crise avant d'être débarquée après la chute de Ben Ali et remplacée par Alain Juppé qui préside alors les réunions. Mais c'est Levitte qui est à la manœuvre pour coordonner la stratégie. Le conseiller diplomatique de Sarkozy participe aux réunions hebdomadaires auxquelles sont conviés les responsables de Bercy, de l'Agence française de développement (AFD), du Quai d'Orsay, de la DGSE, du ministère de la Défense. Les premières réunions seront consacrées à la mise en place des sanctions économiques et la liste des personnes à viser. Rémy Rioux, le sous-directeur à la direction générale du Trésor, est particulièrement actif. C'est lui qui envoie les mails à la mission économique sur le terrain. « Il y avait une sorte d'hystérie autour de cette liste, confie un des participants. Il fallait taper sur tout ce qui bouge. » Bercy organise aussi une rencontre pour expliquer la situation aux entreprises françaises, dont les personnels à Abidjan sont inquiets. L'Élysée et le Quai d'Orsay sont aussi en contact régulier avec le secrétaire général des Nations unies Ban Ki-moon et le chef des opérations de maintien de la paix, le Français Alain Le Roy. Et Nicolas Sarkozy appelle très souvent Ouattara pour faire un point de la situation.

Paris fait le lien avec l'Union européenne et l'ONU, tente de négocier le ralliement des officiers de Gbagbo – sans grand succès – à Ouattara, et donne un coup de pouce logistique aux ex-rebelles dans leur descente vers Abidjan, à partir de mars. Sur place, les hommes du GIGN et des soldats parachutistes sont envoyés pour protéger les personnels et installations français. Ils répondent plusieurs fois par le feu aux tentatives d'entrée d'assaillants armés. Deux éléments du GIGN seront blessés.

Une fois Gbagbo arrêté, la France apporte une aide de 350 millions d'euros pour payer les fonctionnaires ivoiriens. Ouattara demande, prenant le contre-pied de son prédécesseur, le maintien de la base française à Abidjan. Sarkozy et Juppé seront accueillis en héros à l'investiture du nouveau président, le 21 mai à Yamoussoukro. Jean-Marc Simon sera décoré par François Fillon du grade de commandeur de la Légion d'honneur, avant de faire valoir ses droits à la retraite. Vice-consul au Sénégal à 21 ans, puis conseiller au Quai d'Orsay, directeur de cabinet à la Coopération, il est le témoin privilégié de l'évolution de la politique africaine de la France : tutelle paternaliste au lendemain des indépendances, désintérêt progressif sur fond de rivalité entre Quai d'Orsay et ministère de la Coopération, affres de la cohabitation, interventionnisme des dernières années[1]... Gbagbo, lui, est incarcéré à la prison de Scheveningen au Pays-Bas depuis 2011. Son procès devant une Cour pénale internationale dédiée a débuté le 28 janvier 2016[2]. Ses avocats utilisent cette structure pour dénoncer la Françafrique.

---

1. Jean-Marc Simon, *Secrets d'Afrique*, Paris, Le Cherche Midi, 2016.

2. Laurent Gbagbo, François Mattei, *Pour la vérité et la justice*, Paris, Éditions du Moment, 2013.

Fin du calvaire pour les derniers otages d'Areva

*29 octobre 2013**

30 octobre 2013. Sur le tarmac de Villacoublay, François Hollande accueille Pierre Legrand, Daniel Larribe, Thierry Dol et Marc Féret, libérés la veille. Le président français se réjouit de leur retour et remercie l'action déterminante du Niger. C'est la fin d'un long calvaire pour les derniers otages français, employés d'Areva et de Satom (une filiale du groupe français Vinci) à Arlit, ville minière du Niger. À l'aéroport, Daniel Larribe retrouve son épouse Françoise, kidnappée elle aussi par le même commando d'Al-Qaïda au Maghreb islamique (Aqmi)

* Ce récit a été élaboré à partir des témoignages de plusieurs négociateurs de la libération des otages d'Arlit, des révélations des otages dans la presse et de sources au sein du monde du renseignement et de la diplomatie française.

en septembre 2010, mais relâchée cinq mois après son enlèvement par le djihadiste Abou Zeïd, le dangereux chef d'Aqmi.

La libération des quatre derniers otages, après 1 139 jours de détention, a été obtenue, de source officielle, sans versement de rançon de l'État français. Mais les questions d'argent ne vont pas tarder à resurgir, dévoilant au grand jour une guerre des négociateurs, de la présidence de Nicolas Sarkozy à celle de François Hollande. Une histoire digne d'être classée dans les annales de la Françafri(c)que.

En juin 2015, un ancien officier du renseignement français, Jean-Marc Gadoullet, se plaint dans les pages du *Parisien*, puis sur RTL, de ne pas avoir été rétribué pour son intervention décisive dans le dossier. À 53 ans, cet ancien colonel du service Action de la DGSE (les services extérieurs français) réclame de l'argent aux groupes Areva et Satom pour avoir obtenu la libération des trois premiers otages, dont celle de Françoise Larribe, en 2011. À l'époque de leur enlèvement, l'ancien agent secret est reconverti dans la sécurité privée au Mali. Il affirme avoir été mandaté par les deux groupes français pour négocier avec les ravisseurs. « La négociation est arrivée à son terme. Nous devons être honorés pour ce que nous avons fait. Mes contacts touaregs et moi-même attendons toujours le règlement des engagements qui ont été pris par les deux sociétés dans notre contrat.

Je vais entamer une procédure arbitrale devant la chambre de commerce compétente », confie-t-il à *L'Opinion* en juin 2015.

Fils d'un père jurassien et d'une mère corse, Gadoullet est un taiseux[1]. Il dirige la société Opos, enregistrée à Genève et spécialisée dans les protocoles de sécurité, et possède aussi une fondation culturelle, Icare. Sur le site Internet de cette dernière institution, le colonel rend hommage aux hommes de son ancienne unité, se présente comme un homme de valeur et a mis en ligne les photos des remises de ses décorations des propres mains de Chirac, puis de Nicolas Sarkozy, lorsqu'il était militaire.

Gadoullet affirme avoir eu des informations très tôt sur les otages *via* ses contacts touaregs. En 2010, il a personnellement engagé des discussions avec le terrifiant Abdelhamid Abou Zeïd et son lieutenant Omar Ould Hamaha, dit « Barbe rouge », dans le massif des Ifoghas, tanière des responsables d'Aqmi.

Un périple des sables, qui rappelle, selon lui, les aventures de Lawrence d'Arabie. Le colonel français s'est également confié au journal suisse *Le Temps*. Il a obtenu la libération des trois premiers otages lors de son troisième voyage au Nord-Mali, en février 2011, après une journée et une nuit d'attente. « Au lever du jour, j'ai aperçu Françoise, elle avait

1. Jean-Marc Gadoullet, *Agent secret*, Paris, Robert Laffont, 2016.

un ballot dans les bras et tournait en rond autour de sa couverture », confie-t-il. Des propos confirmés par Françoise Larribe qui ne tarit pas d'éloges pour celui qui l'a enlevée des griffes d'Abou Zeïd : « Il était habillé comme un Touareg. Il est venu vers moi et s'est présenté. Il m'a dit : “Maintenant, vous êtes libre !” » a-t-elle témoigné au journaliste.

Cependant, Gadoullet n'a pas que des amis en France où il a acquis une réputation de tête brûlée. La presse l'a accusé d'avoir retardé la libération des employés de Satom et Areva. Parallèlement à son intervention, deux autres émissaires français se sont mis sur les rangs : Jean-Cyril Spinetta, alors président d'Air France, et son conseiller spécial au sein de la compagnie, Guy Delbrel, un ancien journaliste au long carnet d'adresses dans les palais africains. À l'époque, Spinetta est également président du conseil de surveillance d'Areva qui gère la mine d'Arlit. Il a obtenu le feu vert d'Anne Lauvergeon, patronne d'Areva, pour jouer les intermédiaires. Delbrel active alors ses réseaux. Le secrétaire général de l'Élysée, Guéant, qui a la mainmise sur les Affaires africaines, les y encourage. Peu de temps après l'enlèvement, Spinetta et Delbrel vont à Doha pour rencontrer discrètement Djibrill Bassolé, ministre des Affaires étrangères du Burkina Faso, qui les met en relation téléphonique avec Blaise Compaoré. Ce dernier leur conseille de prendre langue avec Amadou Toumani

Touré (ATT), le président malien. Ils partent à la rencontre d'ATT, puis retournent à Ouagadougou rendre compte à Compaoré. Ce dernier sensibilise son conseiller, le Mauritanien Moustapha Chafi, qui connaît bien les ravisseurs d'otages. Ce « médiateur des sables » – ainsi qu'il a été surnommé – a obtenu la libération des otages canadiens et espagnols aux prises de Mokhtar Belmokhtar. Des députés du Nord-Mali sont également approchés. Abou Zeïd semble prêt, selon les négociateurs, à libérer les otages pour une somme raisonnable (de l'ordre de 300 000 euros pour chacun d'entre eux), les deux otages africains n'ayant pas une grande valeur.

Mais cette double négociation a engendré une forte inflation du prix des otages… « Spinetta et Delbrel étaient à l'origine de la première négociation, se souvient un ancien diplomate du Quai d'Orsay spécialiste de l'Afrique. Puis, Gadoullet est entré dans la danse, soutenu par la DGSE. » Le général Bertrand Ract-Madoux, alors directeur de cabinet à la DGSE, l'estime et le considère comme un grand professionnel au service de son pays. Gadoullet, de son côté, a sollicité Ahmada Ag Bibi, l'un des lieutenants d'Iyad Ag Ghaly, le chef d'Ansar Dine, un groupe djihadiste proche d'Aqmi, pour monnayer la libération des trois premiers otages. Il traite aussi directement avec Mami Coulibaly, le patron des services de renseignement maliens qui est tenu au courant des avancées du dossier.

L'ambassadrice américaine au Mali, Vicki J. Huddleston, fera plus tard cette confidence. « Quand la libération a eu lieu en février 2011, le président ATT était furieux. Il n'était pas au courant du montant de la libération et des commissions versées, notamment aux intermédiaires maliens. » Selon elle, 17 millions d'euros auraient été versés pour la libération de Françoise Larribe et des deux otages africains. Le 11 mars 2011, Coulibaly est limogé. ATT a pris le motif de l'évasion d'un prisonnier, un terroriste tunisien, pour le remercier. « Le président malien n'a pas supporté que son chef de renseignement rende compte directement à l'Élysée sans le prévenir », poursuit un diplomate français spécialiste de l'Afrique. Certains prétendent, à tort ou à raison, que ce renvoi marque le début de la disgrâce d'ATT auprès de Sarkozy.

L'affaire ne s'arrête pas là : la querelle entre négociateurs français est éventée dans *Paris-Match*. Guy Delbrel est reçu par le général Bertrand Ract-Madoux. Ce dernier va jusqu'à organiser un déjeuner de conciliation avec Jean-Marc Gadoullet à Paris. En vain. À la même époque, Delbrel affirme avoir subi une série d'actes d'intimidation et finit par porter plainte contre X devant le tribunal de Bobigny. Entre-temps, Gadoullet a poursuivi de son côté les négociations pour obtenir la libération des derniers otages. En novembre 2011, il est à Gao au Nord-Mali et s'apprête à rejoindre le fief d'Abou Zeïd avec lequel il doit finaliser les discussions. À la sortie de la ville, le 23 novembre, il est blessé par balle à l'épaule après avoir forcé un barrage. Il est soigné à l'hôpital de Gao avant d'être rapatrié pour être pris en charge dans un hôpital parisien. Sa mission a échoué.

La nuit suivante, deux autres Français, Serge Lazarevic et Philippe Verdon, sont enlevés à Hombori au Nord-Mali. Quelques mois plus tard, Gadoullet veut repartir sur le terrain, mais devine que, en pleine campagne électorale pour les élections présidentielles françaises, l'opération ne se fera pas. « J'ai compris que nous ne pourrions pas libérer les otages en période d'élection. Trop dangereux sur le plan politique. J'étais exaspéré », a-t-il confié au *Temps*. Avec l'arrivée de François Hollande au pouvoir en 2012, il est définitivement mis hors-jeu dans les négociations.

C'est alors un autre bras de fer qui va se jouer entre le ministère de la Défense et les services secrets pour récupérer le dossier. Particulièrement entre deux proches de François Hollande, Jean-Yves Le Drian, le ministre de la Défense, et Bernard Bajolet, patron de la DGSE.

L'intervention française au Mali (opération Serval), début 2013, a interrompu pour un temps les négociations. Abou Zeïd est tué en février et les otages sont alors dans les mains de ses adjoints, notamment un certain « Choureb ». En mai, les pourparlers vont reprendre. Nommé directeur de la DGSE en avril 2013, Bernard Bajolet compte reprendre en main ce dossier. La DGSE est officiellement l'acteur discret du gouvernement français qui œuvre pour les affaires d'otages. En poste à l'Élysée comme coordonateur national du renseignement sous Nicolas Sarkozy, il tutoie aussi François Hollande qu'il connaît depuis qu'il l'a accueilli comme stagiaire de l'ENA à l'ambassade d'Alger en 1978, dont il était premier secrétaire. Autre atout essentiel : il connaît déjà bien le dossier.

C'est sans compter, toutefois, sur la détermination du ministre de la Défense, sa proximité avec François Hollande qu'il côtoie depuis la fin des années 1970 et les réseaux de son très actif directeur de cabinet, Cédric Lewandowski, que l'on compare dans certains cercles à Jacques Foccart. Les deux hommes de l'hôtel de Brienne vont alors traiter avec le président du Niger, Mahamadou Issoufou, membre de l'Internationale socialiste et proche de François Hollande.

Le chef de l'État nigérien confie à Mohamed Akotey, un ancien ministre touareg, le soin de relancer les négociations. Président du conseil d'administration d'Imouraren SA (la filiale nigérienne d'Areva) et neveu de Mano Dayak, le défunt chef de la rébellion touareg des années 1990, Akotey réactive ses réseaux. Pour l'aider à monter l'opération, Jean-Yves Le Drian et Cédric Lewandowski sollicitent Pierre-Antoine Lorenzi, dit « PAL ». Ce dernier, qui se présente comme un ancien haut fonctionnaire socialiste passé par le boulevard Mortier, dirige Amarante (la couleur du béret des parachutistes de l'armée française), une société de sécurité basée à Paris tout particulièrement investie en Afrique et au Moyen-Orient et où se croisent nombre d'anciens des services spéciaux reconvertis dans le secteur privé. Akotey va réussir à finaliser la négociation avec les ravisseurs après quelques mois, notamment en passant par Ag Ghali, le fondateur du mouvement islamiste Ansar Dine, l'allié d'Aqmi.

Le Drian s'est personnellement rendu discrètement à plusieurs reprises au Niger, en particulier le week-end des 12 et 13 octobre 2013, pour décider des derniers préparatifs de l'opération. La DGSE, selon *Le Monde*, a été reléguée à un rôle de simple soutien technique, se contentant d'acheminer la rançon auprès des négociateurs.

In fine, les derniers otages ont été récupérés dans le nord-ouest du Mali par les négociateurs qui ont emprunté un hélicoptère de l'État nigérien. Qui a payé la rançon ? L'Élysée sur les fonds secrets ? Les groupes français ? L'État a nié toute rançon. Plus d'une vingtaine de millions d'euros auraient toutefois été versés.

« La sécurité, le renseignement et même les opérations spéciales sont de plus en plus privatisés. Quelques entreprises françaises font leur trou dans ce monde, entre intérêts commerciaux, réseaux politiques, amitiés et inimitiés d'anciens des mêmes maisons (DGSE, COS, etc.) », a commenté le journaliste Jean-Dominique Merchet, spécialiste des questions de défense à *L'Opinion* qui a dévoilé les tensions entre le boulevard Mortier (DGSE) et l'hôtel de Brienne (cabinet du ministre de la Défense).

Blaise Compaoré est exfiltré avec l'aide de la France

*31 octobre 2014**

« Chef, c'est fini. Il faut prendre une décision courageuse. » En ce début de matinée du 31 octobre, le ministre des Affaires étrangères du Burkina Faso, Djibrill Bassolé, adresse ce SMS à Blaise Compaoré[1]. Fidèle parmi les fidèles, ce général de gendarmerie a occupé tous les ministères régaliens du Burkina Faso, de la Sécurité aux Affaires étrangères. Fin médiateur, il a été envoyé par son patron gérer un grand nombre de crises régionales (Côte d'Ivoire, Togo, Niger, Mali). Depuis le début des tensions, il a revêtu

---

* Cette recherche a été menée à partir de témoignages oraux de personnes ayant participé au sauvetage du président déchu, de diplomates français et africains.

1. Benjamin Roger, Rémi Carayol, « Burkina : le récit de la chute de Compaoré », *Jeune Afrique*, 18 novembre 2014.

son uniforme de gendarme et a participé à toutes les réunions de l'armée alors que le pays est en passe de basculer dans la violence. Il est proche de Paris où il jouit de relais au sein de la classe politique, des militaires et des diplomates. Comme d'autres officiers, il souhaite éviter un bain de sang à Ouagadougou alors que les manifestants ont déjà investi la rue. La situation est insurrectionnelle. Les Nations unies et l'ex-puissance coloniale française appellent toutes les parties à la retenue. Plus de 3 500 Français vivent dans le pays et Ouagadougou accueille la base des forces spéciales déployées dans la lutte contre le terrorisme dans le Sahel.

La veille au soir, Compaoré a annoncé la dissolution du gouvernement, l'ouverture de négociations avec l'opposition et a décrété l'état d'urgence après une journée de violences qui a notamment empêché les parlementaires de voter un projet de révision constitutionnelle permettant au président de briguer un nouveau mandat. Ultime tentative de conserver son pouvoir alors que la rue et l'opposition lui demandent de démissionner après vingt-sept années de règne. Le lendemain matin, la partie est perdue. L'armée, malgré les instructions, n'a pas l'intention d'arrêter la foule. Deux jours plus tôt, les trois ambassadeurs ayant de l'entregent à Ouagadougou (États-Unis, France, Union européenne) sont allés à sa rencontre – ils ont été reçus par son chef de cabinet – au palais présidentiel de Kosyam pour lui demander de démissionner.

Sur le coup des 10 heures, le chef de l'État demande au ministre de l'Administration territoriale, Jérôme Bougouma, de mettre en œuvre l'article 43 constatant la vacance du pouvoir. Deux heures plus tard, le président et sa famille quittent le palais, escortés par les hommes du Régiment de sécurité présidentielle (RSP, la garde prétorienne du président). Compaoré est accompagné de son épouse, de son frère, de ses aides de camp... Son exfiltration est organisée par Gilbert Diendéré, un des derniers compagnons de Blaise Compaoré, acteur-clé du coup d'État de 1987. Chef d'état-major particulier du président et puissant patron du RSP, il est l'homme de l'ombre du régime.

Un long convoi s'ébranle sur la route de Pô. La destination finale est la Côte d'Ivoire par le Ghana. Mais tout ne va se passer comme prévu. Le cortège d'une cinquantaine de véhicules ne passe pas inaperçu. Très vite, la population de Pô est avertie et descend dans la rue pour attendre, de pied ferme, le président en fuite. Alerté, le chef de l'État fait stopper son convoi à proximité de la ville de Manga, à environ 50 km au nord de Pô. Il multiplie alors les coups de fil.

Paris suit les événements minute après minute, notamment *via* le directeur de cabinet de Le Drian,

Lewandowski. C'est à ce moment-là, semble-t-il, que la France a décidé d'apporter son aide, même si une partie des forces spéciales déployées au Burkina Faso est mobilisée pour des opérations au Mali. La France conseille alors au convoi d'aller se cacher en brousse et d'attendre. Deux hélicoptères Cougar français décollent de Ouagadougou. Ils récupèrent le président et ses proches et les déposent sur une piste de terre de l'aéroport de Fada N'Gourma. Un Transall de l'armée française les y attend. Le président, sa femme Chantal, le président de l'Assemblée nationale, les deux aides de camps montent à bord. Direction : la Côte d'Ivoire. L'opération a été coordonnée avec Diendéré en relation avec Paris et Abidjan. Le président ivoirien, Ouattara, doit beaucoup à son « frère » burkinabé, qui l'a aidé dans sa conquête du pouvoir. À son arrivée, il lui met à disposition le « Giscardium », cette villa d'hôte construite par Houphouët-Boigny en 1978 pour accueillir Giscard d'Estaing lors de sa première visite officielle.

À Ouagadougou, le départ de Compaoré laisse un grand vide. En coulisse, plusieurs hauts gradés s'affrontent pour la conquête du pouvoir. Le général Honoré Traoré, chef d'état-major de l'armée, et le général Kouamé Lougué, vont tenter de s'imposer mais le RSP aura le dernier mot à force de persuasion, voire d'usage de la force. Le premier est assigné à domicile, le second aura quelques soucis de santé. Diendéré impose le lieutenant-colonel Isaac Zida, le numéro 2 du RSP, comme chef de la transition…

La rue burkinabé s'en accommode, mais le coup de main de l'Élysée à l'exfiltration ne passe pas chez les jeunes. « Cette évacuation, nous ne l'avons pas faite nous-mêmes, mais nous avons fait en sorte qu'elle puisse se faire sans drame », déclare Hollande le lundi suivant en déplacement au Canada. La veille du départ de Compaoré, l'Élysée a fait fuiter – cas assez inédit – une lettre du chef d'État, datée du 7 octobre, à son homologue l'appelant à faire le bon choix en évitant un « changement non consensuel de la Constitution ». Et de lui proposer de mettre son expérience à la disposition de la communauté internationale. « Cette lettre était accompagnée de nombreuses notes qui ne laissaient pas de doute sur la détermination du président français », assure un proche du chef de l'État.

Entre Compaoré et Hollande, le courant n'est jamais vraiment passé. « La gauche lui fait encore payer la disparition de Thomas Sankara, assure un ancien diplomate. Et puis, le président français l'a interrogé sur la situation intérieure burkinabé lors de son premier rendez-vous à l'Élysée, le 17 septembre 2012. Cela n'a pas aidé à améliorer la relation, d'autant plus que la cellule diplomatique de l'Élysée ne le portait pas dans son cœur et jugeait son projet de révision dangereux. » Parmi ses pairs de la sous-région, Alassane Ouattara (Côte d'Ivoire) et Denis Sassou-Nguesso (Congo) l'y ont encouragé, mais Mahamadou Issoufou (Niger), Macky Sall (Sénégal) et Alpha Condé (Guinée) ont tenté de l'en dissuader.

« Compaoré s'est fait berner par son entourage. Son frère, François, les militants de la Fedap-BC [Fédération associative pour la paix et le progrès avec Blaise Compaoré, mouvement de soutien au chef de l'État] et le patron du CDP [Congrès pour la démocratie et le progrès, parti du président], Assimi Kouanda, l'ont poussé à passer en force », ajoute le diplomate. Confronté à l'usure du pouvoir, le président n'a pas compris que l'article 37 de la Constitution cristallisait toutes les rancœurs de la société (pauvreté, affairisme, chômage des jeunes). Un responsable de l'opposition, Salif Diallo, ex-Premier ministre de Blaise Compaoré passé dans l'opposition, a su en tirer profit. Politicien madré, il a discrètement instrumentalisé les groupes de jeunes.

Il fait tandem avec Roch Kaboré, un autre ancien chef de gouvernement et cacique du CDP, qui a remporté le scrutin présidentiel de novembre 2015 après le coup d'État sans lendemain du 17 septembre 2015 du général Diendéré, aujourd'hui incarcéré en attendant la tenue de ses procès. L'auteur du SMS, Djibrill Bassolé, est lui aussi sous les verrous à Ouagadougou. Il est accusé de haute trahison et d'atteinte à la sûreté de l'État dans le même putsch. Sitôt investi, le président Kaboré a mesuré à quel point l'exil de Compaoré à Abidjan restait un sujet épineux. Avant qu'il ne prenne fonction, le 29 décembre 2015, les autorités ont adressé un mandat d'arrêt international à la Côte d'Ivoire pour récupérer Blaise Compaoré dans le cadre de l'enquête sur l'assassinat de Thomas Sankara, son ancien camarade et ancien président révolutionnaire assassiné en 1987. Une requête qui a mis dans l'embarras le président ivoirien, Alassane Ouattara. Compaoré est le parrain de la rébellion qui a aidé Ouattara à prendre le pouvoir. Ce dernier avait tout fait pour convaincre Kaboré de revenir dans le giron de Compaoré en 2014, avant que le président burkinabé ne soit renversé. Fidèle en amitié, Ouattara a fait accorder la nationalité ivoirienne à son hôte burkinabé pour le protéger.

Conclusion

Françafrique : la faim des « mystères »

Un dessin de KAK, caricaturiste du quotidien *L'Opinion*, publié en 2015, résume les principales préoccupations sécuritaires de François Hollande dans les pays de l'ancien « pré carré » francophone en Afrique. S'inspirant de *Tintin au Congo* de Hergé, on y voit le président français, en costume colonial, y conduire une Jeep en pleine brousse avec une girafe en arrière-plan. À ses côtés, Jean-Yves Le Drian, l'influent ministre de la Défense prioritairement investi dans les Affaires africaines, habillé en treillis. Deux caisses sont embarquées dans le véhicule tout-terrain, l'une pour l'opération Barkhane au Sahel, l'autre pour Sangaris en Centrafrique. Peu attiré par l'Afrique où il considérait qu'il n'y avait que des coups à prendre, Hollande a rapidement dû y consacrer un temps précieux à la suite de l'avancée djihadiste au Mali au début de l'année 2013. « Moi, je vais rentrer dans l'histoire du continent africain ! » lui fait dire KAK dans sa caricature. Un pied de nez à son prédécesseur, Nicolas Sarkozy, dont le fameux discours de Dakar du 26 juillet 2007 restera comme une tache indélébile de son quinquennat. Il y avait affirmé que « l'homme africain n'est pas assez entré dans l'histoire ». Une telle formule lui a valu les foudres des intellectuels du continent qui lui ont reproché son ton paternaliste, ses erreurs de jugement et sa propension à pérenniser les réseaux occultes de la Françafrique.

Pourtant, Sarkozy avait promis, avant son arrivée au pouvoir, la rupture dans les relations entre l'ancienne puissance coloniale et l'Afrique. C'était d'ailleurs un thème clé de sa campagne électorale. Il affirmait qu'après le colonialisme et presque un demi-siècle d'influence française en Afrique, la politique africaine ne serait plus déterminée par des connexions opaques et informelles de la Françafrique influençant les accords politiques, sécuritaires et commerciaux. « En réalité, Sarkozy a envoyé des messages contradictoires à l'Afrique. Il a promis une réforme importante des relations bilatérales dans un discours au Cap en 2008. Mais son image avait déjà été fortement influencée par le choix de ses premières visites sur le continent en juillet 2007. Celles-ci avaient signalé la continuité plutôt que le changement. Toutes ses destinations étaient destinées aux alliés francophones : Algérie et Tunisie (10-12 juillet) ; Sénégal et Gabon (26-27 du même mois) », peut-on lire dans une note du *think tank* britannique Chatham House sur la politique africaine de Sarkozy à Hollande.

Le repentir sur la Françafrique a semblé avant tout être l'expression d'un changement générationnel plus qu'une révision politique organique. La promesse d'*aggiornamento* n'est pas en soi inédite ; elle s'est cependant accélérée dans les années 2000 avec (notamment) l'horizon symbolique du cinquantenaire des indépendances en 2010. L'heure des bilans. Avec de grandes différences d'appréciations. Pourtant, un point était censé faire l'unanimité : en finir avec la Françafrique. Il a fallu atteindre le décompte symbolique d'un demi-siècle pour admettre que l'histoire avançait, c'est-à-dire que la Françafrique ne pouvait être simplement décrite comme un surplomb immuable et postcolonial au-dessus d'une Afrique dessinée par les décolonisations. La Françafrique apparaît, au contraire, comme un élément de l'histoire connectée de l'Afrique contemporaine, dans des dimensions politiques, économiques, sociales, culturelles, diplomatiques ou encore militaires… mais dont les rouages s'avèrent bien moins binaires qu'il n'y paraît.

En outre, forgée aux indépendances de 1960 dans un cadre institutionnel et politique dont la cellule Afrique devait être la clé de voûte, elle avait comme pivot africain les présidents Houphouët-Boigny, puis Bongo, Eyadema, Compaoré, etc. En aval, le fil chronologique de leur disparition ou de leur chute (Houphouët-Boigny en 1993, Eyadema en 2005, Bongo en 2009, Compaoré en 2014) a marqué d'autant de pierres blanches symboliques la fin programmée ou promise de la Françafrique par ses détracteurs ; mais le passage des saisons ne remplace pas la réforme politique. En amont, le système intégré – avec ses défauts et ses abus –, dont Foccart devait être le garant, a longtemps permis de fixer la critique sur un point : la cellule Afrique, comme cabinet noir de la République. Cependant, la dilution du système intégré, au lendemain du départ de Foccart de l'Élysée en 1974, n'a fait que mettre peu à peu au jour les forces centrifuges qui animaient le monde françafricain, de part et d'autre de la Méditerranée. Et au (relatif) silence des années Foccart succède le bruit froissé ou étouffé des « mystères », sorte de jalons de l'histoire de la Françafrique. Comme si cette histoire ne pouvait qu'être abordée à la manière d'un iceberg dont les parties émergées apparaîtraient dans la presse sous forme de scandales, autant de clichés d'instants volés d'une histoire secrète.

Les années 1980-1990, avec leur lot simultané de brutales déceptions et de médiatisations, mais aussi avec le crépuscule des partis-États autocrates protégés par la République française au nom de la guerre froide et de la raison d'État, ont clairement marqué la fin d'une époque… sans que n'ait été explicitement prononcé l'acte de décès de la Françafrique. Ses contours ont muté, sous l'effet de la mondialisation, mais la Françafrique s'enracine dans le lexique de la politique africaine au point d'en devenir une image entêtante pour dénoncer toutes formes d'abus, de corruptions ou de complots aux coulisses inaccessibles… Bref, autant de scandales qui défrayeraient la chronique de manière plus ou moins violente, plus ou moins discrète. Dans les années 1990-2000, l'essentiel des réformes françaises s'avère plus institutionnelles que fondamentalement politiques (à l'image de l'absorption du ministère de la Coopération en 1998 par le Quai d'Orsay et du passage de la cellule Afrique sous l'autorité du « sherpa » élyséen en 2002). Sans nier ces réformes, force est de constater qu'aucun président n'a souhaité se dessaisir de son domaine réservé africain, véritable ADN de la présidence sous la Ve République. Et que les intermédiaires et autres *missi dominici* continuent d'exister à l'ombre des relations officielles, et de traiter des dossiers de toutes natures. Robert Bourgi, qui se présente comme un « repenti de la Françafrique », l'a rappelé dans sa confession médiatique, en septembre 2011.

Dans un autre registre, les scandales qui entourent la question des otages au Sahel, de l'affaire Gadoullet (qui sacrifie également à la confession médiatique en juin 2015) à l'affaire PAL (Pierre-Antoine Lorenzi) – en passant par d'autres –, n'ont fait que lever un coin du voile sur ces négociateurs secrets. Le pouvoir conserve sa part d'ombre. C'est cette paradoxale consécration qu'effectue Nicolas Sarkozy le 27 septembre 2007, lorsqu'à la remise de Légion d'honneur de Robert Bourgi dans les salons de l'Élysée, sont délibérément convoquées les mannes de Foccart (mort depuis dix ans) à travers la citation : « Rester à l'ombre pour ne pas attraper de coup de soleil. »

Reste qu'en 2010 l'exercice des commémorations n'est pas celui de l'histoire. Et les contraintes diplomatiques (réciproques), attisées par les logiques de politique intérieure, ont imposé certains discours de circonstance de chefs d'État dénonçant la Françafrique, alors que pour leurs populations ils représentent la face africaine de cette même Françafrique. À l'instar de la stratégie du guépard africain : « Il faut que tout change pour que rien ne change[1]. » Cependant, cet horizon symbolique du cinquantenaire a permis d'interroger différents

1. Giuseppe Tomasi di Lampedusa, *Le Guépard*, Seuil, 1959.

éléments jusqu'alors considérés comme mystérieux, opaques ou secrets, et donc abordés de manière anhistorique. Après la phase des grands procès Denard, Elf et Angolagate qui se tiennent de 1993 à 2011 et qui furent perçus comme autant de traductions judiciaires de l'affairisme « barbouzard » de la Françafrique – dont ils constituaient les procès de substitution – a pu commencer celle de l'histoire, mieux dégagée du poids des mémoires, des contrôles politiques et du jugement moral.

Cependant, l'établissement de la liste des « Messieurs Afrique » (officiels ou officieux) de l'Élysée ne suffit pas à donner du sens à cinquante années d'histoire. Le métronome des présidences françaises, référence médiatique presque jamais discutée qui suppose une initiative et un ascendant de la France sur ses partenaires africains, mérite d'être questionné. Car rien n'est plus faux que de réduire cette histoire à ce prisme : en assujettissant à l'Élysée l'histoire de la Françafrique, on ignore ni plus ni moins la réalité africaine du « terrain » et on surestime le point de vue français. Au contraire, le fait politique en Afrique a intégré, bien plus que ne l'a fait la politique postcoloniale française, cet héritage françafricain. Cela est visible à tous les niveaux de la société : d'Omar Bongo expliquant à des ténors français dans les années 2000 l'histoire du parti gaulliste (UNR, UDR, RPR, puis UMP) dans les circonscriptions provinciales en France, jusqu'aux classes populaires des capitales du golfe de Guinée souvent bien mieux informées que les Français des rouages politiques de l'Hexagone... dont ils voient ostensiblement certains mécanismes en fonctionnement dans leur pays.

Les voies de l'histoire connectée et de la *microstoria* (de terrain) invitent à mettre en regard ces différentes échelles, révélant ainsi certaines affaires de la Françafrique dans leur complexité historique. D'autant que de nouveaux enjeux réorganisent cette Françafrique depuis les années 2000 : l'arme économique à travers la gestion de la dette et la libéralisation accélérée de l'Afrique (des plans d'ajustement structurels à ce qu'il est convenu d'appeler la « Chinafrique ») ; l'enjeu sécuritaire devenu une priorité avec l'avènement de la politique antiterroriste dans la bande saharo-sahélienne (les opérations Serval/Barkhane constituent la plus importante projection militaire française depuis la guerre d'Algérie) ; la question migratoire avec son effet retour identitaire et le réveil de traumatismes coloniaux et postcoloniaux dans les sociétés sur les deux continents. Enfin, malgré un effort réel inspiré, d'une part, par l'économie, et, d'autre part, par le lobby swahilisant (spécialiste de la Corne de l'Afrique et de l'Afrique de l'Ouest) du Quai d'Orsay, l'ouverture à l'Afrique non-francophone n'a pas transformé le fond de la politique française sur le continent qui continue à s'adresser prioritairement à l'Afrique francophone.

Il est donc revenu, côté français, à la génération des présidences Sarkozy, Hollande et Macron – la première à ne pas avoir connu la décolonisation et ses guerres – de mettre en musique ce changement de forme(s). En ce sens, par-delà les conceptions purement politiques, ces deux présidences partagent plus de points communs entre elles qu'avec celles de Mitterrand et Chirac (les deux mandats de celui que les Africains surnomment « Black Jack » ont, en ce sens, fonctionné comme le crépuscule d'une génération politique). Désormais, les interventions reçoivent l'aval du Conseil de sécurité de l'ONU et peuvent, depuis la « doctrine Obama », intégrer certaines dimensions de la sécurité mondiale selon l'OTAN (dont la France a réintégré le commandement militaire en 2009). Il reste que c'est toujours depuis ses bases prépositionnées en Afrique que se déploie, plus que jamais, l'armée française sur le continent. En Afrique, les élites parvenues au pouvoir (politique ou économique) à partir des années 2000 ont une conscience accrue des nouveaux modes de gouvernance internationaux : question du verrou constitutionnel après le second mandat, constructions d'entités régionales sur le continent, émergence de la question de la justice internationale et de la fin des mandats, pression démographique d'une Afrique qui atteint un milliard d'habitants dont la moitié à moins de 30 ans. Le monde vu d'Afrique n'a rien à voir avec celui vu des bords de Seine. Le divorce a été révélé le 26 juillet 2007 dans l'amphithéâtre de l'université Cheikh-Anta-Diop de Dakar.

Cependant, la géopolitique saharo-sahélienne, ainsi que le débat autour de la fin des « présidents à vie », ont réintroduit la politique africaine au cœur de l'actualité élyséenne. Avec deux guerres officielles en Afrique (et quelques opérations de plus), François Hollande a vu, malgré lui, s'imposer l'Afrique dans son agenda politique. Il s'est politiquement adapté. La continuité à l'Élysée a été assurée par le maintien du très influent général Benoît Puga au poste de chef d'état-major particulier entre Nicolas Sarkozy et François Hollande. Ce dernier, comme nombre de ses prédécesseurs, s'est ainsi vu accoler l'épithète « d'Africain » lorsqu'il déclenche Serval au Mali. « Je viens sans doute de vivre la journée la plus importante de ma vie politique », s'enthousiasme-t-il en février 2013 à Tombouctou, où il défile dans une mise en scène digne de la Libération.

Derrière les discours officiels et toujours à l'ombre du pouvoir se recomposent les amitiés, les solidarités, les réseaux. Le premier d'entre eux reste le cercle des « chefs d'État amis de la France », plus humoristiquement appelé par la *vox populi* francophone sur le continent le « syndicat des présidents ». Ils ne partagent pas nécessairement toujours les mêmes vues et sont parfois en opposition ; malgré tout, ils s'efforcent de rester les maîtres du jeu et pratiquent le dialogue direct, d'homme à homme ou par téléphone sécurisé – surtout à l'heure où émergent de nouveaux contre-pouvoirs dans les sociétés civiles d'une Afrique mondialisée. Le profil et l'influence de ces présidents évoluent avec les époques, mais le lien (co-construit et reconstruit en permanence) qui les réunit entre eux et avec Paris continue de tracer le premier cercle des initiés en Françafrique, avec dans ses plis les conseillers secrets, les intermédiaires et les agents de l'ombre qui mettent en œuvre les politiques sur le terrain.

Les « mystères » tracent le cercle des initiés en Françafrique. À moins que ce ne soit l'inverse.

Remerciements

Tous nos remerciements vont aux nombreux témoins, militaires, diplomates, journalistes, émissaires secrets ou simples citoyens qui ont accepté de nous livrer des épisodes parfois douloureux, d'autres fois plus cocasses, de leurs vies respectives. Un remerciement particulier au service de documentation de *Jeune Afrique* animé par Angeline Veyret et aux Archives nationales pour leur aide précieuse. Enfin, merci à Nicolas Beytout, fondateur et directeur de publication de *L'Opinion*, qui nous a permis de débuter ce formidable voyage au cœur de la Françafrique.

Table

Réalisation : Nord Compo à Villeneuve-d'Ascq

Achevé d'imprimer en octobre 2018
par Normandie Roto Impression s.a.s.
61250 Lonrai
N° d'imprimeur : 1803798
Dépôt légal : novembre 2018
ISBN : 979-10-210-3623-9
N° d'édition : 4142
Impression en France